员工读本

构建和谐人际关系

曹婉 张明宇 潘利◎著

心与心相连，人与人相通，同一个世界，同一个蓝天，携手共建和谐家园。

和为贵，谐为美，人生因和谐而幸福。

企业因和谐而发展，社会因和谐而安宁，自然因和谐而美丽。

一个甜美的微笑、一次善意的举动、一句温馨的话语……结出人际关系和谐的硕果。

企业管理出版社
ENTERPRISE MANAGEMENT PUBLISHING HOUSE

图书在版编目(CIP)数据

构建和谐人际关系员工读本/曹婉,张明宇,潘利著.—北京：
企业管理出版社，2013.11
ISBN 978-7-5164-0559-8

Ⅰ.①构… Ⅱ.①曹…②张…③潘… Ⅲ.①人际关系学—通俗读物
Ⅳ.①C912.1-49

中国版本图书馆CIP数据核字(2013)第248015号

书　　名:构建和谐人际关系员工读本
作　　者:曹　婉　张明宇　潘　利
责任编辑:尤　颖
书　　号:ISBN 978-7-5164-0559-8
出版发行:企业管理出版社
地　　址:北京市海淀区紫竹院南路17号　　邮编:100048
网　　址:http://www.emph.cn
电　　话:总编室(010)68701719　发行部(010)68701816　编辑部(010)68414643
电子信箱:80147@sina.com
印　　刷:北京市德美印刷厂
经　　销:新华书店
规　　格:170毫米×240毫米　16开本　13.75印张　188千字
版　　次:2014年1月第1版　2014年1月第1次印刷
定　　价:32.00元

前言

自古以来，“和谐”就是一个经久不衰的话题。孔子的“以人为本”，孟子的“天时不如地利，地利不如人和”，无不表达出古人对和谐人际关系的重视。人是群居动物，不可能脱离社会独自生活，这也决定了和谐的人际关系是让我们在社会、职场中立足的一个必要条件。

一位现代成功的企业家说过：“和谐是一切企业团队繁荣的根本。”可见，和谐的人际关系是社会主义和谐社会的必然要求，也是关系企业兴衰成败的重要因素。和谐在企业中更多地表现为团队成员间的精诚合作、众志成城。在现代企业，很多人力资源部门通过大量实践发现，有能力、有经验、做事有效率、有责任心的员工更容易在企业中脱颖而出，成为团队中的佼佼者。但是他们往往都存在一个让企业和领导头疼的问题——他们总是过于相信自己的能力，不善于与人合作、分享。一个不善与人合作、不能建立和谐人际关系的员工，即使他的能力再强，再有才华，不懂得和团队成员有效沟通，也只能业绩平平，更得不到同事和领导的认可，这样的人注定是职场中的失败者。

正所谓“一将功成万骨枯”，任何一个伟大英雄成功的背后都有着无数不知名战友的牺牲和付出。残酷的战场如此，在如今竞争激烈的职场中也如此。英雄的成功就在于他们能够汇聚群体的力量，让自己所向披靡，而职场中，好大喜功，不善与人合作，喜欢表现自己，这些在讲求团队协作的现代企业中是最愚蠢的做法，是狭隘的个人英雄主义的表现。

一个人能够在职场中取得优秀的成绩，但是却不能一直独揽成功，成为职场中的常胜将军。只有依靠团队的协作力量，借用别人的优势去弥补自己的弱势，才能取长补短，把自己的事业推向更高的山峰。

对于企业员工来说，和谐的人际关系是人际交往的润滑剂，能够保证全体员工把精力和能力最大限度地投入到工作上，有利于身心的健康发展，保证工作的高效率完成，对自身和企业的发展有着不可估量的推动作用。

因此，要想在企业中立于不败之地，就必须打破故步自封的局面，主动积极地与同事们交流、沟通，把自己的能力和集体的力量结合起来，才能为个人和企业的共同发展提供强大的动力。

目录 CONTENTS

第一章　贵在和谐:和谐的人际关系让你成为最闪亮的职场明星

优秀员工和普通员工的差别往往在于是否拥有和谐的人际关系,是否拥有团队合作意识。拥有和谐人际关系的员工能够创造轻松愉快的工作氛围,拥有团队合作意识的员工总能团结身边的力量,帮助自己顺利完成工作。同时,拥有和谐的人际关系的员工往往能够为企业做出较大的贡献,受到领导的赏识,这一点对于个人的职业发展至关重要。

第二章　注重形象:优雅的形象是你赢得和谐人际关系的最佳“名片”

人与人的交往通常是从初次见面开始的。初次见面时,别人往往第一眼看到的不是你的身份背景,而是你的个人形象。优雅的个人形象能给别人留下一个好印象,也是人际交往关系的最佳“名片”。保持温文尔雅的个人形象，才能赢得和谐的人际关系，与人相处时谈吐优雅，才能少一些紧张和摩擦，多一些和谐与温暖。

第三章 学会尊重：尊重别人是一种修养，更是和谐交际的基本原则

尊重别人是一种修养，更是一种为人处世的智慧。尊重他人的情感，体现的是平等、理解、团结和信任。学会尊重别人，能给他人带来自信，能赋予人能量和温暖。尊重别人，不仅仅要尊重别人的性格、人格、习惯、隐私和爱好，还要尊重彼此之间的心理距离，不要轻易地打破双方之间的和谐空间，否则，对方会觉得你是在挑战他的权威，势必会对你产生反感，进而疏远你。

第四章 理解他人:理解拉近心与心的距离,让大家不再是"熟悉的陌生人"

理解是一扇门,推开它,你能看到更辽阔的世界;理解是一座桥,走过它,路更宽敞;理解是一扇窗,打开它,就能见到阳光。理解让我们的生活更加和谐,理解让我们的工作更加快乐。理解他人是一种情感,更是人际交往的一项技能。自从来到这个世界上,我们每个人就都开始学习理解他人,并在以后的学习生活中保持这种习惯。

第五章 诚实守信:没有诚信这片沃土,就开不出和谐关系的花朵

诚信是灿烂的花朵,它能美化你的人生;诚信是璀璨的阳光,它能照亮你的前程;诚信是锦绣河山,它能美丽你的世界;诚信是一江泉水,它能滋润你的心灵。诚信总是以自己的质朴和纯净,向人们展现最美丽的一面,给你的人生带来更多的美好。在以和谐关系为主的今天,没有诚信的灌溉,人与人之间是难以开出和谐花朵的。

第六章 懂得宽容:宽容是构建和谐人际关系的“灵丹妙药”

宽容似一泓清泉,在遇到矛盾时,总能以如水般的温柔,抹去人与人之间的敌视,轻松化解矛盾。心平如水的宽容,使人冷静、清醒,已是难得;以德报怨的宽容,是海纳百川的大度,更是难能可贵。宽容似火,能将那股友情的烈焰射进别人的心中,融化别人心中冷漠的冰。选择宽容,也就选择了谅解和温暖,同时也选择了和谐人际关系的辽阔疆土。宽容是一种高尚的品格,是一种上乘的人生境界,也是人际关系的和谐之道。

第七章 合作共享:没有合作共享精神的员工永远都是职场上的“独行侠”

合作共享作为当今职场主题之一,已经被越来越多的人认可,大家为了更好地维护自身权益,都开始注重团队合作。在共享各类资源的同时,大家也达到了合作共赢,从而在根本上形成了和谐共处与发展的局面。但是在职场中,总是会有一些人,不愿和别人融为一体。对于这些人来说,如果不能及时与大家进行沟通,并尽快达成合作,最终他们会被集体舍弃。

第八章 善于沟通:出色的沟通能力是打开"和谐之门"的金钥匙

人类作为群居动物,在进行社会活动时自然离不开相互沟通,良好的沟通能力也就成了维护和谐关系的关键所在。因此,沟通能力的强弱,将直接决定我们能否在社会活动中具备良好的人际关系。在人与人沟通的过程中,同样的一句话,不同的人表述出来,可能会产生完全相反的效果。作为一名企业员工,要想营造良好的人际关系,更加出色地完成工作,了解一些关于沟通的技巧和知识,就成了一门必修的课程。

第九章 巧解矛盾:巧妙化解人际矛盾,确保人际关系和谐长久

人都是独立的个体,不仅相互之间的性格千差万别,而且自身的利益也各不相同,矛盾的产生也就不可避免了。生活和工作中出现矛盾,并没有什么可怕的,只要我们掌握一些化解矛盾的方法,就能够将矛盾及时化解,避免矛盾的产生。如此一来,我们就可以营造出良好的人际关系,我们的职业发展和事业成长也就能够拥有一个良好的基础和保障了。

第十章 敬上礼下:敬上礼下是构建和谐人际关系的一个重要"法宝"

敬上礼下就是要敬重领导、礼遇下属。如果我们能够切实做到这一点,那么在工作中必定可以尽享和谐,即使遇到一些比较突出和尖锐的矛盾,也可以通过我们的努力进行调和与解决。相反,如果我们在工作中无法保障敬上礼下,很可能每天都会陷在一些琐碎的矛盾中无法解脱,一旦遭遇大的矛盾,我们的工作就会立即陷入僵局。因此,如果我们已经不再是基层员工,那么除了要"敬上"之外,还必须尽快建立"礼下"的工作习惯。

第十一章 心灵调适:架起和谐人际关系这座桥,不再让心理压力禁锢自我

常言道"境由心生",我们的心中是什么样子,眼中看到的世界就将是什么样子。很多人把物质财富的多少当成自己幸福与否的衡量标准,却不知道那些比自己富有的人里同样有很多是不幸福的,而那些物质财富比自己匮乏的人,也有很多是比自己

幸福的。由此可见，幸福与否的关键，并不在于外在条件，而是源于我们的内心世界。所以，只要我们能够调节好自己的内心世界，我们的人际关系就可以变得和睦融洽。

第十二章 心存感恩：感恩之心是孕育和谐人际关系的“摇篮”

感恩是一种品质，凡是在生活中懂得感恩的人，总能够让身边人感受到他的平和与真诚。如果我们能够心怀感恩，就能够在生活和工作中处处关心他人，从而做出适当的让步和帮助。如此一来，我们的人际关系就更加和谐融洽，我们的生活也会随之幸福美满，我们的事业成长和职业发展更会事半功倍。感恩会让我们充满正能量，从而将温暖传递给身边的每一个人。

第十三章 创造辉煌：吹响和谐关系的交响曲，谱写辉煌的职场新篇章

一个人要想取得事业的成功，仅靠个人的能力和业绩是远远不够的。如果没有与他人之间的和谐关系，在职场中前行往往障碍重重。和谐的人际关系能够保证工作顺利开展，也能保证工作、学习的效果事半功倍。在企业中缺乏和谐的人际关系，

将会让你在工作中无法长久地立足。只有建立良好的人际关系，才能更早实现自己的目标。

附　录

第一章

贵在和谐：和谐的人际关系让你成为最闪亮的职场明星

1.

构建和谐人际关系，争做优秀员工

在任何企业中工作，我们都无法避免与他人进行沟通和交流。在工作中拥有和谐的人际关系，是成为企业优秀员工的前提。对于企业员工来说，构建良好的人际关系能够为自己的个人发展奠定坚实的基础，也是做好工作的关键因素。工作离不开人，能够和身边的同事建立良好的关系，团结一致，心往一处想，劲往一处使，让自己和企业团队合作无间，就能够更好地为企业创造利润，实现自己在企业中的核心价值。

在工作中建立良好的人际关系能够为自己的工作带来极大的便利，让自己在企业团队中变得出类拔萃。

劳动模范的代表李玉和他的团队获得了无数的荣誉，几乎所有他参与建设的项目都能够做到载誉而归。“国家电网企业劳动模范”“山西省级特级劳动模范”“功勋个人”“岗位杰出能手”等等一连串的光环围绕着他。但是在李玉自己看来，他的优秀业绩和同事、领导的帮助、支持是分不开的。李玉曾经说：“优秀的业绩和工作都是表面上的成绩，是短暂的，但是优秀的团队是长长久久的，也是最珍贵的资源。”

李玉是国家电网特高压部门的组长。特高压是我国自主创新的产物，因此也决定了这项技术没有任何可以借鉴的经验。但是工作的特性决定了施工标准极其严格、准确，这就要求李玉和其带领的团队必须保持极高的配合度。作为特高压建设的主要管理者,李玉深刻地意识到,在这样要求严格的施工建设条件下,要做到高效精准地完成项目,就必须同他的团队保持高度的默契,只有让员工体会到企业的人文关怀,才能够创造出企业非凡的凝聚力和克服一切困难的战斗力。李玉对团队成员的要求是相当严格的,但是他更加重视以人为本。李玉说:“只有通过员工之间无微不至的关怀和无私的帮助,才能够换来彼此之间的信任、理解、支持,才能够激发员工的工作热情,让大家带着舒畅的心情加倍努力地付出,高效率地完成工作。”

2007年,大学毕业后刚参加工作不久的任强第一次和严谨的李玉打交道。参与了几个项目建设的工程后,任强深感工作的困难。因为任强在大学的专业是土木工程,所以缺乏对电力相关专业的知识,一些基础的分部工程尚可应付,但是一涉及电力就傻眼了。然而让他没想到的是,一向严谨的李玉为他这个没有经验的新员工准备了一个见面礼,那就是一沓厚厚的电力专业的书籍。不止如此,李玉每天亲自带着任强和一些新员工去施工现场。从浇筑、打地基、组塔,再到架线等,对每一个施工的细节都言传身教,事无巨细,还特别针对每一个安全隐患为他们耐心地讲解,回到驻地后,还利用投影仪进行培训讲解。就这样,在李玉的耐心帮助和辅导下,任强和其他新员工渐渐入了门。任强说:“多亏了李玉,他真是我的好老师,他的辅导和帮助为我的职业生涯奠定了基础。”

每来一个新员工,李玉总是不遗余力地给予他们无私的帮助和指导,根据新员工的专业背景、特长能力为他们规划职业方向,这也让他得到了员工们的信赖和认可。工作上达到了高度的默契和一致,出色地完成了一个个电网企业的项目。

俗话说得好,“众人拾柴火焰高”,对于企业来说,只有先团结好内部的员工,才能让企业稳定发展。对于个人来说也是如此,只有构建和谐的人际关系，才能够保证自己的工作顺利进行，进而实现自己的价值。

即使自己的能力再出色，都不能否定团队的重要性，和谐的人际关系才是团队稳定发展的基础。再完美的个人也只能是大海中的一滴水，无法激荡出让人震撼的浪花。个人和团队的关系就像水滴和大海一样，只有把个人的力量凝聚在一起，才能够确立宏伟的目标，迸发出大海一样无穷的力量。因此说，个人的发展绝对离不开团队的帮助，个人的追求只有同团队的追求相结合，才能够得到更大的进步和发展，才能实现个人的优秀业绩。

在当今这个时代，单打独斗的时期已经过去了，竞争也已经不再是单独的个体之间的竞争，而是团队和团队之间的竞争、组织和组织之间的竞争，越来越多的困难和挑战的克服，都不能只是凭借一个人的力量和冲动就能够完成的，而必须依靠整个团队。想要建立和谐良好的人际关系，就需要员工在工作中虚心接受他人的意见和建议，把别人放在首要的位置，把自己的姿态放低，为个人的成长构建一种和谐的氛围。这不仅仅是一种策略，更是一种明智的处世方式，对自己的个人发展非常有利。

如果在工作中不能接受别人的意见，以自我为中心，那么别人在与你交流沟通的过程中就不能建立信任感和安全感，进而孤立你。在企业中，被组织和团队孤立的人能力再强也不能得到领导的认可，更不用说得到晋升。因为一个人缺乏组织和影响团队的力量，说明这个人的能力不够，对于企业管理者来说，这一点是很大的禁忌。当企业在考虑晋升一个员工时，不仅会考虑他的个人能力，还会考虑他的关系网，并且希望能够通过这个人的关系网跟企业的发展联系在一起。可见，只有同他人建立良好和谐的人际关系，才能够充分发挥自己的导向作用，发挥自己的凝聚和激励作用，增强自己的吸引力，才能够在企业中取得效率、效益的“双丰收”，成为企业中不可缺少的优秀员工。

2. 没有和谐的人际关系,你就不会把工作干成事业

很多成功人士都懂得这样的道理:每个人都不是生活在孤岛上,任何一个人都有着自己的优势和劣势。正因为懂得这个道理,他们才善于组建良好和谐的人际关系,彼此互相帮助,分享观点。这样在当他们陷入困难、面对挑战时,就不会孤立无援,有了身边人的帮助和支持,他们在努力打拼的时候就会更加有信念和力量,也更容易取得成功。

在企业中也同样如此。整个企业就是一个巨大的关系网,每个员工都坚守着自己的岗位,但是又不能在完全隔离的状态下独自工作。这些员工共同组成了一个关系网,彼此之间分工明确,各司其职,而企业也得以正常地运作和发展。可以说,我们人生的大半时间是用在工作上,而工作时接触最多的就是我们身边的同事。能够和身边的人建立和谐友善的关系,就等于让我们的工作环境变得轻松,和同事建立友谊,互相帮助,打理好自己的人际关系,对一个人的工作、事业有着很大的影响。

许多事实都证明,人际关系对于一个人的工作业绩有很大的影响,良好的人际关系往往是成功者取得成就的重要因素之一。没有和谐的人际关系,就很难把工作经营成事业,个人的理想也无法实现。

可以看到,那些在事业上取得成就的人,都有着和谐的人脉关系,在为人处世上也是左右逢源。他们的成功除了自身的努力和优秀的素质之外,还因为有很多朋友在他们做出重要决策时能够为他们鞍前马后、出谋划策,在他们遇到困难时给予他们力量,在他们努力拼搏时为他们加油鼓劲。

李锡华是福建移动公司的“爱心大使”，他用自己的优秀的工作表现证明了自己的价值，而这一点又同他和身边人融洽的沟通是分不开的。

李锡华把客户当做是公司发展的根本，以真心对待身边的人，把员工同时看成自己的兄弟姐妹，在他的身上有着许多用真心来化解客户因为误会产生情绪的事情，还有很多被他感动的客户都把他当做知己。

一次，移动客户小陈拿着一沓话费清单找移动公司理论。原来他从卫通购买的充值卡充到移动电话后，发现通话清单上的卫通和移动记录的通话起始时间不相符，于是他怒气冲冲地冲到经理室指责李锡华。李锡华为小陈泡了茶，微笑着问：“年轻人，什么事让你生这么大的气？我们谈谈吧。”听了小陈的诉说后，李锡华接过他手中的清单，二话不说，开始耐心地进行手工核算，经过两个多小时的仔细核算，计算出小陈的总通话时长数完全相符，这让客户小陈既感动又惭愧。就是凭着这种以人为本、待人以诚的信念，李锡华赢得了众多客户的信赖和肯定。

而对那些与他朝夕相处的员工，李锡华更是充满了挚爱的感情。分公司的员工小江的母亲瘫痪多年，为了方便照顾母亲，小江想把她接到自己工作的地方。李锡华得知此事后，亲自派车把他的母亲接过来。老人被接来的两年多时间里，李锡华经常带着水果、鲜花，还有从民间找到的偏方去探望。这种举动让员工小江感动不已。面对这样的好领导、好同事，谁又不会全心全意工作呢？

李锡华的真诚和善良打动了员工，他亲切的处世态度和出色的工作业绩也得到了领导的认可。现在的李锡华是三明公司市场经营部的经理，他用自己的关爱服务打造出自己和谐融洽的人际关系，并应用于自己的岗位职责之中，取得了卓有成效的工作成绩，成就了自己的价值，把工作干成了让人引以为傲的事业。

可见，建立和谐的人际关系，对于一个人的事业有着举足轻重的作用。有些员工之所以迟迟得不到加薪和晋升的机会，并不是因为他们的能力不够，而是因为他们即便拥有优秀的技术能力，但是却无从发挥，其根本原因就是人际关系的不和谐。

总之，良好的人际关系是决定一个人把工作干成事业，并取得成功的一个重要条件。这是因为：

其一，良好的人际关系能够促进员工之间相互协作，共同为特定的目标或任务而努力奋斗。在现代社会中，许多工作以及高端科研项目的攻关都不能依靠一个人的努力来完成，而需要众多人的联手合作、共同努力，这就需要加强彼此的交往、联系，维护好良好的人际关系，才能保证工作项目的顺利完成。

其二，良好的人际关系能够加强和促进员工之间信息的传递、交流和共享。有人曾说过，现代社会大约80%的信息都是在人际交往的过程中获得的。在"信息大爆炸"的现代社会，知识量的激增已经无法让人及时消化，如果不建立和谐融洽的人际关系，不进行良好的人际沟通交往，就无法及时获得有效的信息。掌握了有效的信息，就等于增加了自己成功的砝码。

其三，良好的人际关系能够促进人们从友好和谐的团队集体合作中获得信心和力量，激发出自身的潜力，进而创造出人生辉煌的业绩。如果人和人之间总是钩心斗角，水火不容，在工作中明争暗斗，相互拆台、制约，那么人们对工作的积极性和热情就会受到压制，才能也无法得到施展。时间一长，就会让自己沦落到失败的境地，更谈不上获得事业的成功了。

俗话说，"一个篱笆三个桩，一个好汉三个帮"，这句话就是在告诉我们，想要做成大事，就一定要有强大的人脉网络和良好的人际关系作为支撑。在工作中善于建立自己的和谐的人际关系的员工，总是能够把工作做得更加出色，也更容易取得事业上的成功。

3.

拥有和谐的人际关系是对企业最大的贡献

马克思曾经说过："人的本质并不是单个人所固有的抽象物，在现实意义上，人是一切社会关系的总和。"这句话告诉我们，人的本质属性就是社会性。每个人都不可能生活在真空中，必然会因为某种需要而与他人发生各种各样的关系，这也就形成了人际关系。对于员工来说，在企业中的人际关系对企业的发展至关重要，尤其是在企业的各种经营管理活动中，人际关系是否和谐，将会对企业的成败兴衰产生不可估量的重要作用。

企业是相对独立的组织，但是企业同时也是承担着不同社会职能的开放的组织。任何一个企业都是"社会"的缩影，企业中包含着复杂的人脉关系，即社会人际关系的缩影。企业作为经济组织，其最大的目标就是追求经济利益和社会效益的最大化。而影响企业实现目标的因素有很多，既包括设备、技术、厂房等物质条件，也包括管理者、科研技术人员、工人、销售人员等人为条件。这些因素都会对企业发展产生极大的影响。而毋庸置疑的是，人际关系是对企业的发展产生深远影响的主要因素。

对于企业员工来说，建立和谐的人际关系对自身的发展十分重要，同时对企业也是一种极大的贡献。因为企业能够正常运转，主要依靠企业管理者和生产者。企业管理者就是企业领导，他们的主要任务是保证管理工作的有效性，而企业生产者就是企业工人，主要工作就是提供完善的产品或服务，两者的分工虽然不同，但是目的都是为了同样的企业目标而服务。如果管理者能够和员工建立和谐的人际关系，企业管理就会变得高效而轻松，因为员工会愿意接受和自己有着和谐人际关系的领导所做的决策，并愿意按照领导的决策努力工作。与此同时，员工也会愿意向领导表达自己的感受和意见，这有利于促进管理者的管理，避免出现重大的决策失误，保障经营决策的顺利执行。企业管理者和员工之间相互影响、相互作用，让企业的管理走上良性的轨道。反之，如果企业管理者和员工之间的人际关系紧张，二者间就会处于对立的立场，企业员工就会对领导产生抵触的情绪，这样不仅增加了企业管理的难度，还极大地降低了企业的工作效率，对企业的项目完成产生不利的影响。

而员工和员工之间的人际关系也会影响企业的生产效率。良好的人际关系会让员工心情舒畅，体会到一种友情和安全感，对于员工的身心健康有利，而不和谐的人际关系会让员工心情郁闷、烦恼，把不良情绪带到工作中，进而降低工作效率，对企业的生产百害无一利。

让我们看看在企业中取得杰出成绩的劳动模范是怎样处理自己的人际关系的。

李东光是胜利炼油厂的一名普通员工，她连续两年被评为劳动模范。这个娇小的女人是怎样从一个普通的职工成长为工人中的劳模的呢？

熟悉李东光的人都知道，她虽然是一名普通的职工，但是她给工人们的感觉却很好。每一个人都喜欢和她接触，与她共事。正所谓将心比心，这与她善待身边的朋友、同事是分不开的。

当李东光看到工友们反映冬天里在采样车上经常累得腰酸背痛，还被冻得手脚冰冷的时候，就主动从家里找出一些旧棉衣，让班上的巧手李建梅为大家做护膝。这种护膝受到了工友们的欢迎，同时也为李东光的细心和情谊而深深感动。

炼油厂的一个重要岗位是化验中心，这里关系着生产的方方面面。上级任务的下达，上一班工作的报告、汇总等都是通过化验中心交接班的窗口实现的。这一天，交接班进行的过程中，员工孙荣霞突然打了一个趔趄，李东光眼疾手快，一下子就扶住了她。把孙荣霞扶到员工休息室后，李东光关心地询问：“怎么了，身体不舒服吗？”孙荣霞说：“没什么，只是有点儿感冒，本来今天要去打针,但是正好碰上装置停工,自己想咬牙挺过去就好了,没想到刚才一阵迷糊。""你啊,真是不要命了!"李东光关心地责备着,然后给她倒了一杯热水。其他的同事得知孙荣霞生病后,也纷纷围过来,有的递药,有的取棉衣,这一刻,班组同事间和谐、温馨的关怀之情自然流露出来。正因为有这种融洽的关系,李东光所在的班组在工作上遇到困难就迎头而上,在生活中也是互相帮助,亲密无间,激发出极大的工作热情。整个班组是企业中最有激情活力的班组,也总能够顺利完成工作,为企业创造出极大的利润。

可见,人际关系的和谐是企业和谐的基础,是保证企业的效益稳定,促进企业发展的条件。企业想要实现自身的持续发展,就必须重视建立和谐融洽的人际关系,增强员工协作和团结的意识,这样才能提升企业的竞争力和凝聚力,保证企业全面发展。在企业内部,员工自身注意营造和谐的人际关系才能够保证企业的各个环节正常运转。因此可以说,能够处理好企业内部各方面的人际关系,会对企业的兴衰产生直接的影响。

4. 拥有和谐的人际关系是企业职工的重要使命

我国素来有"天时不如地利,地利不如人和"的说法。这句话的意思就是,做任何事都离不开群体的作用,人际关系决定着办事的效率。古代也有"政通人和"的说法,主张治理国家要讲求良好的人际关系。在现代社会中同样如此,正所谓"得道者多助,失道者寡助",在企业这个"大家庭、小社会”里,多则几千、几万人,少则几十人,都需要一种良好和谐人际关系的维护,这样才能步调一致,也更容易取得成功。

建立和维系和谐的人际关系是企业职工重要的使命。身为企业的一员,就有必要承担起维系和谐人际关系的使命,无论我们在什么岗位,我们都应该对和我们共事的每个人、我们在工作上所依赖的每个人以及在工作上依赖我们的每个人主动承担起维护人际关系的责任。只有把维系人际关系当成同做好工作一样的重要的责任,才能更有效率地把工作做好,才能激发自己的活力和激情,在协调融洽的工作氛围中充满斗志地投入工作。

一个善于建立和谐人际关系的员工是企业最欢迎的人,这样的员工为企业带来的无形的资产是非常宝贵的。

1996年,王路平被台湾公司派到上海工作。在上海工作两年后,他提出了辞职,而辞职之后提出的唯一的请求就是,希望公司允许他能够继续使用以前公司为他配备的手机号码。在王路平看来,他在上海工作的两年时间里,人际关系是他获得的一部分财富,如果换号码就等于失去了曾经的朋友、客户,失去了重要的财富。

王路平利用自己多年来和政府建立的人脉关系,为地方政府招商引资。从20世纪的90年代开始,大陆的招商引资活动如火如荼地开展,尤其是江浙一带的苏州、昆山等地更是热点招商的地区。而此时的台湾刚好有众多企业面向外地投资的愿望。王路平加入了苏州工业园区,成为了一名高级顾问。所谓的顾问,就是向那些对大陆投资感兴趣的台湾商人做宣传,向他们介绍合适的投资项目,并说明台商在苏州投资建厂,能享受的优惠条件,从中赚取佣金。而这项工作的必需条件就是深厚的人脉关系。

王路平正是凭借着自己的良好的人际关系,把苏州的顾问工作做得非常出色。而他也深深意识到人际关系的重要性,在来到大陆的第一年就选择到人才济济的清华大学念MBA，在那里结交了很多的企业管理者和政府官员。他和苏州的一位副市长的交情就是从清华大学开始培养起来的。虽然是台湾人，但是王路平仍然对自己在苏州的工作尽职尽责。努力学习苏州话和普通话，以方便和客户、同事沟通。他认为，如果大家聚在一起，能够讲这个地方的语言，那么就会拉近彼此间的关系，什么事都更好谈。正所谓“入乡随俗”，他十分注意和身边的人处好关系，拉近彼此的距离。渐渐地，王路平成为了这里小有名气的投资顾问，很多台商也都慕名而来，主动找他。

在这种和谐的人际关系之下，王路平为工业园区接连引进了几个大的项目的投资，后来还任职为昆山几个重点开发区的高级顾问，他的收入也成倍地增加。这都是良好的人际关系带来的结果。

正因为王路平心系工作，意识到人际关系对工作的重要性，在任何时候都不忘记拓展、维系人际关系，为企业带来了很大的效益，才受到了企业的重视和信任，加薪升职也随之而来。

从上面的例子可以看出，员工良好的人际关系能够为企业带来巨大的效益。而对于员工个人来说，对集体、对社会的贡献和责任，主要是从对社会进步的贡献上来决定自己的价值的。如果人际关系处理得很好，大家相互配合、同心协力，势必有利于工作效率的提高，促进工作目标的完成，也为个人价值的实现创造了条件，这对企业是一种莫大的益处，也是对工作认真负责的表现。相反，如果对内、对外都不能处理好人际关系，就会彼此怀疑、冲突，这样会使工作效率大打折扣，群体的目标也很难实现。而无法完成企业的工作目标，工作没有效果和效率，就等于失去了对企业的贡献和责任。因此，对工作负责的一个重要前提就是拥有一个和谐良好的人际关系，而维系好我们的人际关系也是每一个企业职工不可推卸的使命和责任。

怎样才能维系好人际关系呢？

首先，增进同领导之间的沟通交流，取得领导的信任。增进同领导之间的沟通，无论对于自身的职业活动，还是对自己个人的成长和发展都是有益的，领导对自己的职业活动情况掌握到相对较多的信息，才能有客观的考虑。通过加强同领导之间的沟通，才能准确领会领导的指示，让自己对所从事的工作有全面的了解和认识，有利于事业的发展。此外，通过良好的沟通，也可以把自己的想法告诉领导，这样就能方便领导在进行整体布局时考虑并采纳自己的意见。需要注意的是，处理好同领导的关系不等于一味地讨好奉承，有能力和远见的领导不会喜欢只是唯唯诺诺、曲意逢迎的下属。

其次，与同事间建立良好的关系。在参加工作的初期，除了需要与领导建立和谐的关系之外，与同事建立良好的关系也是十分重要的。无论同事比自己的职位高还是低，他们的经验一定比你多，资历也比你老，主动和同事搞好关系，有利于自己尽快熟悉工作，有利工作局面的打开。尽可能做好自己的本职工作，在自己的能力范围内帮助别人，那么得到过你帮助的人就会在不久的将来给予你很好的回应。

最后，灵活运用社交手段。人和社会的沟通桥梁就是社交，良好的社交能力也是一个人综合素质的体现。在社交过程中，大多数面对的是陌生的人，彼此之间缺乏了解，因此在社交时灵活运用一些手段，会更容易让对方接受你。比如对那些性格比较内向、自尊心较强的人来说，交际时就不能过于坦率，不要直接指出对方的缺点。通常来说，在交际的过程中，应该多赞美他人，态度真诚，多关心别人的需求。尊重领导，对领导交付的任务尽善尽美地完成，同事提出的请求尽自己所能给予帮助，设身处地地为别人着想。

己所不欲勿施于人，交心的一个原则就是在坚持自己原则的前提下多帮助别人，做到民主不专断，信任对方，支持对方。尊重上级领导而不失去自我，服从领导但不盲目，同级之间做到平等相待，真诚友善。只要巧妙地运用交际的手段待人处世，就能够为自己建立一个良好和谐的人际关系，从而为自己建立一个好的职业发展环境。

第二章

注重形象：优雅的形象是你赢得和谐人际关系的最佳“名片”

1. 熟悉职场礼仪，给别人留下好印象

你希望自己在工作中给他人留下好印象吗？

记住，老板看的不仅仅是你的表现和能力，还有你的职场礼仪。

和谐的人际关系，就是要塑造良好的职业形象和交际形象，讲究礼貌礼节，在自己的行为举止，衣着妆容上下工夫。一个人的举止礼仪，是自我心诚的表现，也是一个人对别人的尊重的表现。在职场中，做到言行有礼，落落大方，遵守基本的交际礼节，是每一个优秀员工必学的课程。

在日常工作中，一般礼仪所展现的就是日常行为举止的细节，只要你注意这些细节，就能传达自己对他人的尊重。

“全国劳模”李素丽就是一个很好的榜样。

李素丽是北京市公交汽车分公司“热线平台”的管理工作人员，前几年，她只是一名普通的售票员。从1998年开始，她就进入了公交服务行业。“面带微笑，全心全意为乘客服务”是她18年售票员工作的座右铭，在18个年头里，李素丽先后获得了“全国五四奖章”和“三八红旗手”“优秀共产党员”等称号，并在2000年被评为“全国劳动模范”。

在“全国劳动模范”评选大会上，李素丽说：“用心去做才能称职，用心去做才能达到优秀。”从她身上能感受到强烈的敬业精神。不仅如此，在职场礼仪上，李素丽更加用心。每天，李素丽都会面带微笑，衣着得体，言谈有礼地面对每一位乘客，即使面对乘客的粗声粗气、盲目责怪，她也能保持微笑，柔声细语。对此，李素丽自信地对记者说：“我的礼仪形象代表的不仅仅是我个人，对外也代表了企业的形象。北京是中国的首都，对外我的礼仪形象也代表了中国。”

当有人问起，是什么让李素丽从售票员转到“热线平台”这一普通的幕后岗位的时候。李素丽坦言：“无论干什么工作，都要熟悉职业礼仪，全身心地投入工作当中，把本职工作做好。只有把自己和工作联系在一起，才能展现自身的价值和本职工作岗位的价值。”无论从言论上，还是从行动上，李素丽的努力从来都是不容置疑的。

为了给聋哑人提供服务，李素丽学会了简单的手语；为了使外地游客感受到首都人民的亲切，李素丽下班后就努力学习各地简单的方言……做好一个优秀的服务人员很不容易，李素丽对此再清楚不过了，在工作中，她总能设身处地地为乘客考虑。在她看来，她的工作岗位就好比一个流动的小社会，而身为售票员的自己，则是一个化解社会不安因素的中转站。

可见，作为全国公交事业的一面旗帜，李素丽不仅对待工作有责任心，对于职场礼仪也极为用心。从她学习手语和方言的举动上，不难看出，这是对乘客的尊重。虽然，公交售票员是一个普通的岗位，但是李素丽却充分展现了这个普通职业的魅力。

那么，好印象的基础是什么呢？自然就是熟悉职场礼仪。礼仪的基础，多体现在三个方面的用心：

第一，穿着要用心。

我们判断一个人的时候，往往是通过对方的形象来进行初步判断。因此，要想给他人留下一个好印象，就要注意自己穿着是否得体。如果你去面试，但衣着像去参加同学聚会一样，那么老板第一眼看去，就无法对你满意。要知道，得体的装扮代表你用心地去感受自己所身处的环境，不仅是对他人的尊重,也是对自己将要面对的工作的尊重。一旦建立雇佣关系,你要问清楚工作岗位的穿着要求,即使是临时工作,也不能不当一回事。

第二,对待同事要用心。

如果入职的同事经验丰富,工龄长,你还可以从他们身上学到很多东西,无论是关于工作的内容,还是人际互动,以及职场上应该注意的事项和细节等,都可以从同事身上学到,这不仅对你当下的工作有很大的帮助,就未来职场生涯而言,也能带给你意想不到的助益。

除此之外,对同事的用心,也为你的工作和人际关系创造良好的条件。相信我们和朋友一起工作,比和陌生人或敌人在一起工作,要快乐、轻松得多。

第三,基本原则要用心。

人与人之间的交往都有一个基本原则,那就是,在面对别人时一定要面带微笑,与人交谈时,要直视对方的眼睛,在握手的时候,要力道适度。雇主雇佣员工都有一定的道理,那就是要员工展现自己最自信的一面,这样一来,别人才会对你的能力有信心。信心是一个人魅力的体现,在基本原则上用心,就是增强自身的魅力。

在日常工作和生活中,或许你也身处一个平凡的岗位,但只要你懂得感受岗位奋发向上的精神风貌,以最佳的状态投入工作中,那么这就为职业礼仪积淀了一定的基础。熟悉职业礼仪,是树立好的工作形象,给别人留下好印象的关键。只要紧跟时代的需求,做好职业礼仪,就能不断提升自己的工作质量,就能使事业健康快速地发展。

2.

文明礼仪:优秀员工必备的职业素养

注重文明礼仪、知礼懂礼是每个员工立足于社会的基本原则,是人们成就事业、提高个人生活水平的重要前提条件。在职场中,部门与部门之间,上级和下级之间,同事与同事之间,都免不了要进行沟通交往,因此,得体的交往礼仪是每一个员工的必修课。

作为一个优秀员工,工作思想不能只停留在“为了赚钱而工作”的层面上,而应该用心创建和谐的人际关系,用老板的标准要求自己,以实现自己的职业梦想和远大抱负。那么,老板的标准是什么呢?就是第一时间维护企业形象,而企业形象,正是从员工礼仪上体现出来的。

在人际关系复杂、就业和竞争形式越来越严峻的今天,如果没有一个文明的礼仪和态度去适应所处的环境,个人素质就得不到提高,这也是大部分人无法顺利工作的一个原因。截然相反的是,有文明态度工作的人往往善于适应工作环境,能尽快建立和谐的人际关系,融入企业中去。也就是说,文明礼仪也是一种能力,具备了这种能力,就等于多了驰骋职场,成为优秀员工的资本。

丁波是银川铁路分局客运站北京车队列车的车长。1989年刚参加铁路工作,他还只是一个普通的列车员,但他始终以职业文明礼仪的标准来要求自己,在岗位上发挥表率作用,出色地完成基层各项工作任务,对待每一位乘客热情有礼。荣获了“火车头奖章”,丁波常说:“岗位也是人生的一个舞台,演好自己的角色,才能体现自我的人生价值。”

列车员本身就是一种综合性很强的服务工作,一辆车上的乘客不尽相同，所服务的对象也都是来自不同地区的，身份背景不同，需求也不同。这种严酷的工作环境对铁路服务工作者来说是一个严峻的考验。作为列车长的丁波，深感自己肩上的担子不轻。为此，在工作中，他要求自己和谐“三个关系”：和谐服务和乘客的关系，和谐同事间工作关系，和谐工作效益关系。

在实际工作中，丁波也是这样做的，他深知一份工作代表的就是一份责任，明白自己的一言一行会给周围的人带来影响，代表列车服务工作的形象。

在2005年春运时，丁波在北京西站巡视时，看到一位80多岁的老大娘气喘吁吁地坐在车门口，于是主动上前询问，当得知老大娘是独自乘车，无人护送时。在列车卧铺紧张的情况下，丁波把自己休息的位置让给老大娘，并一路照顾老大娘平安到达目的地。

仅仅在2005年一年间，丁波就为乘客做了近千件好事。无论工作多忙，身体多疲惫，只要乘客有问题，他总能带着礼貌的微笑，和蔼地为乘客解释。命运向来青睐懂得努力的人，在丁波的带领下，列车班组职工的素质有了明显的提高，服务质量和工作质量都得到了很大的改善。几年来，丁波一直以坚实的步伐，在平凡的岗位上勇当先锋，为乘客提供一流的列车服务。

从丁波的事迹中不难看出，对于列车服务工作者而言，每一个乘客都是顾客，压力比其他行业更大。然而，丁波对工作的态度却展现的是“压力并不足以为惧”的风貌。其实，压力是工作中的一种常态，压力无可避免，只要以积极的态度去疏导、去化解，并把压力转化为前进的动力，让其成为提高个人素养的动力，就是人生大放异彩的开端。

在职场中，那些默默无闻缺乏竞争意识的人，往往总会在竞争还没有开始的时候，先把自己淘汰；相反，那些像丁波一样，乐于塑造职业形象，懂得构建和谐人际关系的员工，却总能获得展示自我的机会。工作中，学会文明礼仪，低调做人，乐于奉献，保持良好的职业形象，你的职业和人际关系将会一次比一次好。

文明的职场礼仪是员工必备的职业素养，展现的是一个人的内在素质和修养。得体的礼仪能帮助你和谐职场人际关系，能够使你与不同性格和不同社会阶层的人愉快相处、交流，提高工作质量，并改善交流结果，对人际关系和自身品质的提升有很大的帮助。

3. 过于花哨的打扮会影响人际关系

礼仪是构建和谐人际关系的前提，礼仪不仅表现在个人礼貌上，也体现在衣着妆容上。穿着是对别人及自己的尊重，也是职场礼仪的一个重要方面，因此，想要构建和谐的人际关系，在穿衣打扮上也不能掉以轻心。

衣着打扮从来都是一种社会文化，休现的是一个人的内涵修养和审美情趣。外在形象的装扮是一个人气质、身份、内在素质的外在体现，也是构建和谐关系的介绍信。

从某种意义上讲，外在的衣着装扮是一门艺术，衣着装扮上所传达的、蕴含的情感是无法用有声的语言代替的。穿着得体、妆容适度的人，才会给别人留下良好的印象；相反，穿着不当、妆容花哨的人则会损害自身形象，给人留下坏印象。

陈强是从事餐饮行业的，工作能力很强。但他有个不好的习惯，性格上他不拘小节，生活中穿着随意，总是穿着一身破牛仔服和运动鞋，给人的感觉太过随意，流里流气。为此，他换过好几份工作。

一次，陈强去一家餐馆应聘，依旧穿着那身随意的“行头”。负责招聘的人刚一看见他便皱起了眉头，双方交谈还不到十分钟，对方就对陈强说：“抱歉，我们需要的是工作态度和生活态度都很严肃的人！”

最终，陈强的面试以失败告终。没过多久，朋友给陈强介绍了一份工作。因为是朋友特别介绍，所以负责人虽然对陈强的着装不满，但也勉强让他开始工作。半个月后，陈强被辞退了，原因是他染头发了，临走时，领班对他说：“对你的工作能力，我感到很满意，但你的工作态度，太让我失望了。”听了领班的话，陈强后悔不已。

如今，大部分行业对员工穿衣装扮的要求变得宽松了许多。但如果没有一套得体的工作装，不遵守职业着装原则，工作时间穿一些休闲、随意的衣装，就是对他人和自己的不尊重。比如，男士不应该穿背心、短裤，女性着装不能过于暴露，不宜穿太薄、透的衣服。

一个人独自行走于社会，要达到无往不利、左右逢源的超然境界，首先要学会做一个让人喜欢的人。良好、健康、向上的外在形象，是赢得别人喜欢的前提。健康的外在形象决定了你能否给别人留下深刻的印象，如果在人际交往中，给别人留下一个好印象，那么别人也就会乐于和你继续交往；相反的，如果在人际交往中不注意个人形象，打扮过于花哨，太过随意，别人只会对你避之不及。

日常生活中，我们常常会遇到这样的情况：在某些场合，感到自己的穿着装扮与周围的环境格格不入，觉得自己在别人面前举手投足十分窘迫。更让人尴尬的是，有些人会对你的衣着妆容评头论足，在不知不觉中，给人留下了“毫无形象”“为人随便”的印象。这是因为，人们总会下意识地拿自己的眼光和已有的经验为基准，对他人的穿着装扮产生个人判断，这便是我们对他人的第一印象或第一感觉。

要知道，和谐的人际关系都是从第一印象开始的。第一印象是最初几秒钟对你的外在形象装扮的印象结果。不要小看了这短短的几秒钟，这转瞬即逝的几秒钟，对你的人际关系有着很重要的影响。在心理学中，有个专业术语叫“初始效果”，意思就是人们在初次见面时，在那短短的一瞬间，能够决定你是否能成功给别人留下良好的印象，如果你给别人的印象是成熟、聪明、稳重，那么即使在以后的交往中，你和对方发生争执，对方也会下意识地把第一印象融合进来，认为你的争论是有思想的表现。而如果第一次见面你打扮的过于花哨，平常见面又都穿着随便，工作态度散漫，那么即使你诚心与对方交谈，对方也只会认为你是一个固执、自大的人。

着衣妆容是一个人的门面，无论是他人对你，还是你对他人其实都是一样的，如果你给他人的外在形象很糟糕，那么想要挽回就非常困难。因此，在与他人相处的时候，必须注意个人的着装打扮，多为自己争取印象分。尤其是初入一个新环境，新岗位的时候，人们都会有一种紧张和陌生感，但只要能抓住“初始效果”，以及“先入为主”的特点，就能给别人留下“这个人看上去不错，应该很容易相处”的印象，就能与别人顺利交往，建立和谐人际关系。

当然，想要受人欢迎，不仅要注意外在形象上的魅力，也要注意修炼行为举止上流露出的气质。想要在人际交往中给他人留下好印象，除了要知道外在形象装扮是好印象的组成部分，还要知道什么会破坏外在形象。很多人原本想给别人留下好印象，刻意去打扮，但是没有达到预期的效果，这是因为他们不知道对方的喜欢什么，或职业适合什么装扮，采取了错误的行动。所以，在与别人交往时，一定要关注对方喜好和职业。要知道，穿衣装扮是为了让自己神采奕奕，洋溢着生命的活力，这就是风度，风度是一个人气质的外在表现，是一种精神上传达的魅力，它远比清秀美丽的面容更加让人着迷。

4. 掌握办公室礼仪，构建和谐工作氛围

办公室是个特殊的工作环境，在这个特殊的环境中，人际关系也变得更加复杂，因为大家既是同事关系，也是朋友关系。而如果人际关系处理不当，掌握不好尺度，很多在你看来毫不起眼的“小问题”就会影响到和谐的人际关系，以至于无法营造一个团结奋进的工作氛围。

礼仪体现细节，细节体现素质，如果行为不文明，举止不顾忌别人，那么势必会为自己的个人形象抹上污点。比如，进出办公室的时候从不敲门；进入办公室不坐在椅子或凳子上，而是倚靠在办公桌上，甚至是坐在办公桌上，既不文明也不雅观；有的人坐完椅子之后，不把椅子重新放好。这些都是不注重办公室文明礼仪的表现。其实，文明就在你举手投足之间。

在办公室这个特殊环境里，有的人总以“工作忙”“没空”等理由为借口，不注意个人形象。其实，在老板看来，不良的个人形象，是不尊重上级和工作的表现；在同事看来，是不尊重同事，不尊重自己的表现；在客户看来，是不够专业，不好的公司形象，也是不值得客户信任的。

办公室是一个严肃的工作场合，体现的是“职业形象”，讲究的是“公事公办”。需要注意的是，即使和领导、同事的私人关系再好，也不能在工作时间内表现得太过“随便”。比如，勾肩搭背、随便拍别人肩膀、直呼对方名字，甚至称呼其绰号……在办公场合，这些都是不文明的表现。

一位培训大师曾说过：“只要坐在办公环境里听 30 分钟就可判断一个公司的整体素质是高是低。”也就是说，在高素质员工、高质量管理的办公环境里是没有噪音的。这是因为，在工作环境里，所有的人都专注于手头的工作，同时又顾及周围的同事，因此，无论在说话、走路、倒茶、拿东西的时候,都会尽量把手脚放轻,避免发出较大的声音,更不可以在办公时间扎堆凑群,聊天,说笑,打闹。

李丽和王静同时进入一家公司实习,两人学历相同,个人能力也不相上下。李丽干事麻利,无论大事小事,只要领导安排她从不拖拉,穿着干净整洁,与同事交流总用请教的语气,在工作时间从不闲聊、不玩手机。每次,进入领导办公室时,总是先轻轻地敲门,稍等片刻,听领导说“请进”后,她才慢慢推开门,走进去向领导汇报工作。

而王静的工作能力虽然也不低于李丽,但是在她总是着装花哨,每天上班都画着很浓的妆,甚至有些时候她看到妆花了,就会立刻从包里拿出化妆品,在办公室补妆。每次李丽接电话,身边的同事都十分不满,不仅说话声音大,吵得身边的人无法集中精力工作,还一接起来就没完没了,最短的电话也要半小时结束。

实习期结束后,老板把李丽和王静叫到办公室,对她们说:“你们的个人能力我已经十分清楚,但公司决定留下李丽。”

王静听了,不服气地说:“我和她业绩一样,凭什么只留下她?”

王静怨怼的口气让老板皱了一下眉头,对王静说:“你能不能留下并不是我说了算,也要看大家的意见。”王静认为,是老板觉得李丽比自己长得漂亮,才被留用,所以要求其他同事参与投票决定她和李丽的去留。

结果,王静一票也没有得到。

为什么王静一票也没有得到呢?原因很简单,她虽然在能力上能得到同事和领导的认可,但是在办公礼仪上却不及格,这也是她没有获得老板和同事青睐的重要原因。

在日常工作中,在办公环境下,与同事之间闲话家常是最正常的事情,但是这种交流在一定程度上虽然能增进双方感情,起到促进工作的作用,但也必须要一定的“度”。每个人都有自己的隐私,因此即使工作关系再好的同事,在涉及对方隐私和不愿提起的事情上也不要追根问底,不要“紧紧逼问”,更不能在得知对方一些私事的时候,大肆渲染。

要知道,在大部分企业中,一个人很难完成一项复杂而又烦琐的工作。通常在现代企业里,很多工作都是有分工的,只有每一位员工完成工作,才算真的完成了工作。因此,在日常工作中,如果一个人提前完成工作,应主动向同事询问,看对方有什么需要协助完成的工作。别人并不一定会让你做些什么,毕竟每个人都有自己分内的工作,但仅仅是一句询问,就能显示你个人的礼貌、涵养、集体意识,也是你个人风度的表现。

在办公室里,同事之间的关系再好,也要讲究分寸。在人际交往的时候,不能过于随便,借了对方的东西,一定要记得按时归还。如果你容易忘记的话,就事先记录在手机或纸上,时刻提醒自己。口头承诺对方的事情,就要努力兑现,不能说过就忘在脑后。同事的东西,在没有经对方允许的情况下,不能擅自使用、随意翻阅,这是对他人最起码的尊重。

此外,在办公室这个特殊的工作环境里,一定要注意环境卫生,不能让办公桌凌乱不堪。要知道,收拾桌面其实只需要几秒钟的时间,但如果你连这几秒钟都不肯去做,那么势必会造成两个不良影响:其一,工作效率下降,可能会在你急需要某份资料或某个工具的时候,手忙脚乱地翻找也找不到,因为那个你手头需要的东西,可能放在某个凌乱的角落里。其二,影响办公室的整体气氛,如果别人的桌面都是干干净净、整整齐齐的,而只有你的桌面却凌乱不堪,那么整个办公室也就会变得乱七八糟了。所以,保持办公桌整洁也是办公室礼仪的一部分,需要我们多加注意。

5. 衣服要穿好,还要注意饰品的搭配

中国素有“礼仪之邦”之称,文明礼仪在人们的工作和生活中有着重要作用,所以,千百年来人们都提倡讲文明、讲礼仪。文明礼仪与法律原则不同,它是对个人的一种约束,需要的是个人自觉遵守,不像法律一样带有强制性。因此,人际交往时讲究文明礼仪,更能体现出一个人的品质、文化修养、道德水平、交际能力等各方面的素质。

和谐的人际关系,少不了外在礼仪。不要以为外在礼仪仅仅是穿着得体就足够了,身上小小的配饰也能起到影响个人形象的效果。饰品的搭配说起来是一门学问,很多场合,需求比本人装扮还要多,即使一点点的配饰,也会达到画龙点睛的效果。

那么,配饰如何达到增添个人魅力的效果呢?在什么场合就穿什么衣服,比如,上班着正装,下班着便装,旅游时着休闲装等。但在饰品的装饰上,很多人都表现得很不在意。殊不知,那些看似没有影响的小饰品,往往是影响整体形象的重要点。

对于职业人士来说,巧妙地进行装点饰品能起到整体着装效果。同样是穿西服套装,而会打扮的人会在西服领子边上别上一枚与衣服搭配的胸针,与服装巧妙地呼应,增添服装的动感和韵味。而职业装的种类较多,配饰的限定也就较为繁多,只要你花一点儿心思在搭配服装上,就能使气质得到提升。比如,有的人为了突破职业装的单调,会在胸前、头发,以及项链上进行搭配,用一些带有色彩的水钻装饰自己,既能彰显女性的魅力,又能凸显自己的着装品位。当然,日常生活中,很多工作十分枯燥,如果在装饰上带点儿趣味性,那么不仅能让别人感觉到你的活力,你自己的心情也会变好。

苏学芬从1980年成为青岛即墨汽车站的普通站务员到如今,已经在这个普通的岗位上工作了三十多年。从一个默默无闻只知道埋头工作的车站服务员,到接受温家宝总理接见的全国劳模,这三十多年里,苏学芬一直用自己的方式和行动向别人证明,只要努力,一份枯燥的工作也能绽放异彩。

苏学芬每天都要站十几个小时,有时候会到街上发传单。在长途汽车站,苏学芬做的最长的工作就是迎门,迎门就是迎接来自各地的旅客,帮助他们登上合适的列车,这需要过硬的服务技术,每天要行走的时间过长,需要消耗大量的体力。苏学芬说:“为旅客服务心里要带着感情,不然即使一个微笑都显得很假。”

一次,苏学芬在客运站捡到一枚圆形笑脸的卡通胸针,因为离工作室较远,身上又没有口袋,所以她顺手别在了自己的胸前。而奇怪的是,每一个向她询问车次的旅客,在看到她胸前的“笑脸”时,都忍不住微笑。这让苏学芬有了一些意外收获,原本人们在车站都是行色匆匆、焦躁等待,何不用一些小装饰放松旅客的心情呢?如此一想,苏学芬下班之后,就来到了小饰品店,买了一些可爱的胸扣,拿给几位女同事。这一天,车站的气氛变得比平时融洽了。

身为班长的苏学芬与姐妹们一起在平凡的工作中默默坚持,风雨无阻,即使工作再辛苦,在日常工作的装扮中也很少看见她憔悴的神色,她总是化着清淡的妆,着衣整齐、干净,一副神采奕奕的样子。

苏学芬所在的团队,连续几年获得了“女职工明星岗”“青岛先进工作组”“全国巾帼文明示范岗”等荣誉称号。2004年,苏学芬成为了全国劳模,并得到了温家宝总理的亲切接见。2005年4月,苏学芬升职,成为车站营销处处长,专门负责青岛汽车站“劳模营销”特色服务。

在日常工作中，与男士单调而又稳重的职业装相比，女士的职业装款式要丰富很多，得体的穿着能为人的魅力加分，还可以体现一个人良好品质和个人品位。一条总的准则，就是要发挥出职业礼仪的文化和内涵，展现形象礼仪的同时，穿着一些标志性的衣饰，能给自己的外在形象增添个性特点。

当然，任何装扮都要看职业和场合，通常，应该注意三个原则：

(1)时间原则。

这个原则多在女性身上体现，男人的衣服往往都是正规装扮。而女人在着装上则要丰富很多，可以随着年龄和时间有不同的变化。白天在工作的时候，女性通常穿正装，即使带头花或发卡也要带一些简单、职业化的，以体现自己职业的专业性，适合背工作包。而休闲时间的女性，则可以在身上多添加一些装饰，比如，带上一些色泽较多的水钻配饰，围一条漂亮的围巾。也可根据季节的不同，搭配跟随季节符合的小饰品，比如，冬天佩戴毛茸茸的饰品，让人一眼看上去心里就暖暖的。

(2)场合原则。

在不同的场合，不仅要注意不同的衣服搭配，也要注意饰品的搭配。与客户洽谈业务或参加正式会议时，需要衣着庄重，身上最好不要带花哨的饰品。而在一些娱乐场合，比如和同事以及朋友去逛街、聚会、唱歌、郊游、跳舞等时，应该轻装，搭配的东西，也要让人感觉舒服，不应太正式。同样，去参加朋友或同事的生日宴会时，也要看场合，如果对方办得很隆重，而你的打扮过于随意，会让对方觉得你不够重视他，也会让自己感到尴尬，而如果是娱乐聚会，别人都装扮得很休闲，你却穿得很正式，那会让别人感到压抑。所以，事先要问清楚对方准备的是什么样的聚会，才好合理装扮，搭配饰品。

(3)地点原则。

饰品的搭配也分地点，如果是在自己的家中接待朋友，那么就可以穿得随意休闲一些，而如果是你要到别人家里拜访，衣着就不能太休闲，不能穿得像去旅游，虽然不必穿得像参加隆重聚会，但也应该得体整齐一些。此外，如果你是去公司或单位拜访，穿着就一定要职业化，最好能体现自己的职业特点，让自己显得专业。在外地的话，着装服饰要顾及当地的习俗，如果是去寺庙或教堂等带宗教场所，则不能穿着暴露的衣服，甚至不能佩戴饰品。

6. 接打电话、发邮件时要掌握的文明礼仪

“不学礼，无以立”，意思是说，一个不讲究交际礼仪的人，在人群中是没有立足之地的。因此，一个人想要在职场上站得住脚，就要学会交际中的文明礼仪。由此可见，文明礼仪是人际交往中的“名片”，无论是从穿衣打扮，还是言谈举止，都能直接地体现出自己的精神风貌和品质修养。在人际交往中，外在形象可以通过穿衣打扮来提升，但个人的行为举止则是一种习惯，体现的是个人的内在涵养，要从细节开始，不断地要求自己，约束自己。比如，接打电话，收发邮件时的声音控制就是一种讲究礼仪的体现。

对现代人而言，手机已经成为了人们“放不下”的通讯工具之一。就如今而言，人们的行为习惯随社会的变化，从相处时地坐下来愉快交谈，变成了坐一边各自玩手机，这也是导致如今人与人之间的关系变得陌生的原因。在职场中，很多工作也需要 24 小时不离电话，以便随时联系客户，完成工作业绩。因此，在日常工作中，接打电话也要遵守一些基本原则。

陈斌是一家网络推广公司的员工，每天的工作就是打电话通知客户。他为人性格直爽，说话豪放，每次打电话，声音都像打雷，导致其他同事不能正常工作。他在公司做了半年，仍然没有结交新朋友，同事出去聚会也很少叫他。

陈斌的妻子是个细心的人，对他说：“一定是你平常大大咧咧，粗声粗气的，让别人对你有意见了。”陈斌听了妻子的话，想到自己每天的工作就是接打电话，给客户发邮件，难道是工作时，妨碍到了其他同事？

第二天，陈斌刚一接电话说了几句，一转头看到邻桌的同事皱着眉头。陈斌心中一紧，赶紧压低音量，说话语调也变得平缓了许多，同事的脸色才慢慢缓和。知道了问题出在哪里，陈斌仿佛看见了和谐同事关系的出口，为了让自己的声音不再那么大，他专门练习自己打电话时的说话方式。平常接打电话，如果是私人电话，他都会到楼道里或洗手间去接听，而座机电话，他总是尽量让声音放小，接挂电话时，多用敬语。渐渐地，不仅身边的同事开始和他热络起来，而且他的工作业绩也慢慢开始增长了。

虽然陈斌只是在一些小事上让同事产生不满，但造成的影响却是十分严重的，除了人际关系不和谐之外，还对他工作的提升造成了不可忽视的影响。既然身在一个群体，就应该将这个群体的人际关系和谐处理。要知道，每个人都不可能离开群体，一旦脱离了群体只能让我们把工作做得更差，既然我们身在一个团队，那么就是企业的组成部分。团体需要的是整体形象，这可以从同事与同事之间，上级和下级之间的相处融洽程度中体现出来。从这个意义上来讲，我们每一位员工都应该立志做团队的“形象大使”，懂得讲文明、讲礼仪、树新风，使企业内部的人文关系变得和谐融洽。其实，无论你身处哪里，做着什么样的工作，对于一个企业来说，礼仪就是这个企业的文化精神的重要表达方式。

无论是一些规模庞大的大企业，还是私营小企业，对于员工的礼仪要求，都是不可缺少的。因此，无论你从事什么样的工作，只要进入了一个工作团队，就应该讲文明、懂礼仪，处理好人际关系，使团体关系更加和谐。而人与人之间相处的礼仪，都要从日常的行为举止中去体现，那些被你忽视的小事情，往往都是礼仪的细节，做不好细节，关系也无法和谐。而接打电话的礼仪，往往是工作中最为常见的，也是最应该注意的。

那么，在日常工作中，尤其是在办公室，接打电话的礼仪都表现在哪里呢？以下几点，是工作最为常见的接打电话礼仪：

(1)听到铃声应及时接听，因为电话响的时间过长，会妨碍其他同事的工作。在接电话之后，如果对方没有先说话，那么你要先开口说："您好，这里是某某单位，请问您找谁?"此外，在通话的过程中，对方说话时，你不可以随意打断，应先让对方把要说的话讲完，中间可以以"嗯""好"等作为回应，在对方说完之后，你才能给予对方解答或反馈。

(2)如果电话是找其他同事的，那么你应该先弄清楚，对方找的究竟是什么人，负责什么工作，这样你才好及时通知同事接听。需要注意的是，如果客户打电话，找的却是你邻桌的同事，你不能直接大声喊对方接电话，应走到对方的桌子前，把声音放低，然后礼貌地对同事说："某某，有电话找你。"如果对方要找的人离你距离较远，那么你就要礼貌地说"请稍等片刻"，以便及时找对方要找的人。

(3)当然，有时候对方要找的人不一定在，如果对方要求你转告的话，那么你应该迅速准备好纸笔，把对方的电话、姓名、单位，以及对方打电话的目的、是否需要回电等，都要一一记录下来。记录完毕之后，应向对方重复一遍，以免出现差错，这样如果同事回来，你才好将内容清晰地告诉他。

7.

不要在背后评价别人的穿着打扮

每一个人的喜好和个性都不同，价值观可能也很不相同。所以，在和谐人际关系的建立过程中,也会出现互相排斥的情况,但是总的原则是寻求一个和谐的空间,即使你不同意对方的观点,不喜欢对方穿着打扮的品位,也应该尊重对方的喜好。不在背后议论别人、评论别人是人际交往中最起码的礼貌。只有我们在人际交往中坦诚以待,才能博得他人的喜爱。如果有意见,应该当面进行善意的沟通,切忌在背后论人是非,否则会给人一种“两面派”“伪君子”的印象,特别是处理对上下级关系时,更应该注意。

世界上没有完美的人,是人总会有缺点,对待别人的缺点,有时候善意的保留,比直白地指出对方的缺点更加能让关系融洽。此外,不要以为不当着别人的面说,就不会传到对方的耳朵里,要知道,别人听到什么,并不会顾及说话的人,而是会毫无保留地告诉另一个人,甚至有时候会添油加醋。所以,与其在别人背后进行评论,不如光明正大地直接指出,更能够显示出你的胸襟,至少不会让别人抱怨你。

陈燕是一家设计公司的创意编辑,在广告创意方面很有才华,但是她有一个缺点,就是自视清高,常常对同事完成的工作,颇具微词,喜欢在背后议论别人的着装品位,但碍于情面或习惯,她从不当面向同事提出自己的意见和看法,而是总在背后讽刺对方。

一次,公司策划部的一位女同事穿了一件新衣服上班。陈燕对另一位同事说:“什么呀,穿的那是裙子还是衣服啊!跟个唱戏的一样。”这话传到这位女同事耳中,女同事专门找到陈燕,让她有意见不妨直言。这时,陈燕又开始支支吾吾、言语闪躲。

陈燕的上司是一位40多岁的女性,平时很节俭,上班都是两件职业装换着穿,很少买新衣服。一次,陈燕在中午吃饭的时候,和同事聊起买衣服的话题,她随口说:“你看我上司,总是穿那两身衣服,都洗掉色了还不肯换,知道的是她节俭,不知道的还以为买不起衣服呢。”这话传到上司耳中,立即引起了上司的极大不满,最后陈燕被调到了其他部门。

大部分人都很注意自己在别人心目中的印象，尤其是女性，她们喜欢装扮，尤其接受不了别人对她们装扮的严苛评价。因此，在与女性朋友交往时，不要对她们的穿着打扮评头论足，更不要随意讽刺对方的品位。正所谓“说者无心，听者有意”，各人有各人的爱好和风格，虽然有时候你的评论或许是不带任何恶意的，但是话传到对方耳中，就会变了味道，别人只会听到话里的负面信息，这样很容易让别人对你产生反感。甚至会认为你的评论是带有攻击性的，然后以恶劣的言辞回击你，如此一来，很难使双方关系融洽。

要知道，企业员工讲文明、讲礼仪不仅是员工自己的责任，更是对自己的未来负责任。多一个朋友总比多一个敌人要好。或许，有的人会认为，工作的能力才是员工的立足之本，是重要的硬件基础，而礼仪只是能力之外的附带软件，只要硬件够硬，软件有没有也无所谓。事实上并非如此，如果你忽略了文明礼仪，只会给自己的生活和工作带来意想不到的困难。在一个团队中，没有和谐的关系，工作的质量就会极速下降；在家庭中，没有和谐的关系，家庭争吵就会不断，难以获得幸福生活。

第三章

学会尊重：尊重别人是一种修养，更是和谐交际的基本原则

1. 不懂得尊重他人，就无法与人和谐相处

每个人都与别人有着千丝万缕的联系，生活中，你要与亲人、同学、朋友相处，工作中你要与领导、同事、客户相处。谁也无法躲开人际关系这门艺术。所以说，建立和谐的人际关系，就成了一门艺术，无论你有多少能力，又学会了多少技能，只要不懂的人际关系的和谐之道，那么也注定是一个失败者。

与人相处要有一个良好的“开篇”，尊重就是最佳的“开始”。要知道，尊重对于每一个人来说，都有着很重要的意义，它体现了一个人的人生价值和在别人心目中的分量。在日常人际交往中，如果一个人和你身份背景有很大的差异，对方看你的眼光十分不屑，说话时带有讽刺语气，那么你还愿意和他交往吗？答案是肯定不会！而如果一个人比你文化水平更高，但是却把你放在平等的位置进行对话，对你十分重视和尊重，即使你心里感觉你和对方“不是一个世界”的人，但还是很希望和对方成为朋友——这就是尊重。

每一个人都希望能与他人和睦相处，都希望自己能拥有和谐的人际关系。然而，有的人却不知道，和谐的人际关系是先需要给予别人尊重。我们从一些故事中，可以深刻体会到，与人交往时尊重他人的重要性：

一家著名的企业聘请了一位高管。一天，这名高管带着孩子进入了公司的内部休息区，平常这个地方是用来给高层管理人员休息用的。这名高管和孩子玩耍了起来,高管扔了一个纸球,对孩子说:“我们比比看谁扔得远。”孩子拿起纸球奋力向前扔。

远处,一位50多岁的老人看到散落一地的纸球,弯下腰去捡。后来,高管和孩子扔得多了,老人捡不过来,这时,高管指着远处的老人说:“孩子,你如果现在不好好读书,以后就会像前面那个老人一样,整天在这里捡垃圾。”

老人听到之后,把手里的纸球放进旁边的垃圾桶,走到高管面前说:“麻烦把你的工作证拿过来,给我看一下。”

看完之后,老人说:“请把你的手机借我用一下。”

这时,高管又说:“孩子,看到了没,如果你现在不好好学习,以后就会像这个老人一样,连手机都买不起。打电话还要跟别人借……”

只见老人拨了一个号码,说了几句话,就挂断了电话,把手机还给了高管。不一会儿,公司总经理就火急火燎地跑了过来,并走到高管的面前说:“你明天不用过来上班了,从今天起正式被本公司解雇。”

高管心中不服,正想问“为什么”,只听总经理走到老人跟前说:“总裁,外面日头大,我们还是回去吧。”

临走时,老人对孩子说:“孩子,为了能成为有用的人,你确实应该好好学习。但是,学会尊重别人也是你成功人生中必不可少的一个重要因素,所以,无论以后遇见谁,首先应该学会尊重别人!”

在我们的日常生活和工作中,也会有像上面这个故事中的高管那样的,看不起那些穿着朴素,工作岗位平凡的人,他们对别人的不尊重,往往会给自己带来恶劣的后果。在人际交往中,即使是对路边的清洁工人,也要给予尊重——尊重他们的职业,尊重他们的劳动成果。所以说,人际关系在工作生活中,始终是一个影响生活和工作质量的重要因素。

事实上，每个人都渴望受到他人的尊重，这也是人际交往基本的心理需求。在人际交往中，尊重别人是个人修养的体现，更是建立和谐关系的基本原则。所以，我们无论面对什么人，不管他的社会背景如何，都应该给予对方应有的尊重。但尊重是相互的，如果你看不起别人，或别人不尊重你，彼此就不能和睦相处，人与人之间的相处之道，本身就建立在互相尊重的基础上。在日常生活中，我们所遇到的每一个人都有着他们自己特有的气质和性格，这是因为，每个人的成长背景、文化背景，以及生活习惯不同。所以，在与人交往的过程中，如果能互相关心尊重，就容易使关系和谐，也会减少不必要的摩擦。自尊心本身就是人们心灵最敏感的角落之一，一旦有人伤害自己的自尊心，那么他就会以更加疯狂的力量进行反击。其实，学会尊重别人并不难，它可以是一个亲切的问候，一声敬语，而带给你的却是和谐真挚的人际关系。

尊重他人，善待他人，尤其是对那些弱者，给予他们人格尊严的充分肯定，是一种品德、一种修养，更是一种良好道德品质的体现。不管你有多少优势和本领，都没有理由藐视、嘲笑以及欺辱他人，更不能恃强凌弱，以大欺小。

总之，在人际交往中，切忌以傲慢的态度和不尊敬的语言去伤害别人，这样在给别人带来伤害的同时，还会丑化你的个人形象，降低你的自我价值。要知道，一个真正懂得尊重他人的人，必然能够赢得他人的尊重。学会礼貌待人，尊重别人，你的人生才能更加成功，人与人之间的关系才更加和谐愉快。

2.

和谐之道：你敬我一尺，我敬你一丈

“你敬我一尺，我敬你一丈”，这句话告诉我们，与人相处有一个原则：要懂得互敬互爱，知恩图报。而这其中的“敬”含义也是十分广泛的，代表了尊敬、友善、包容等。表面来看，“你敬我一尺”似乎是“我敬你一丈”的前提条件，其实并非如此，虽然尊重是相互的，别人给予你尊重，你也应该给予对方尊重。

当然，在日常生活和工作中，不只是有“敬”，相对的还有轻蔑、侮辱、欺凌等“反面态度”的存在。这些“反面态度”是建立和谐人际关系的阻碍，是人与人之间和睦相处的绊脚石，把“敬”放在心里，对任何一个遇到的人都满怀敬意，即使别人有意挑衅，也反复地告诉自己“忍一时风平浪静”，这都是化解矛盾的良方。如果在日常生活中，你总是抱着一种“以牙还牙”“人若犯我，我必犯人”的观念，整天与人矛盾不断，不肯与人和睦相处，那么还如何建立和谐的人际关系呢？如果你秉持着“互敬互让”的观念，自然会积淀一份平和的心态，自然就会拥有和谐的人际关系。

有一天，一位衣着光鲜的商人准备到曼哈顿进行一个重要的谈判。商人在登上飞机之前，对一个搬运工人大声呵斥：“我等着上飞机呢！你就不能快点？”把行李放好之后，商人又开始责骂搬运工处理不当。搬运工却装作一副没有听见的样子，继续做着自己的事情，商人仍然大声嚷嚷道：“你知道我一单生意是多少个亿吗？竟然在这个节骨眼上浪费时间！”

搬运工始终无动于衷，足足过了一个钟头，商人的行李才被装上飞机。商人走后，一位旅客对搬运工交口称赞道：“你的胸襟让我十分钦佩,你是一个有涵养的人,但是他这样骂你,你不生气吗?”

搬运工微笑道:“噢,不要紧,让他随便责骂吧,浪费的是他的力气。你知道吗?那个人要去曼哈顿,但是他的行李嘛,却会被运往华盛顿,他根本不知道他写错了地址……”

故事中的商人没有给予搬运工应有的尊重,所以即使他的行李出现了问题,对方也不会提醒他。人生在世,总要与人打交道。所以,在与人相处时,即使是面对社会地位比自己底下的人,也要给予其应有的尊重。人与人之间的态度是相互的,如果你总是以轻蔑或傲慢的态度对待他人,即使对方不会明刀明枪地和你针锋相对,也会暗地里给你制造麻烦,纵然是看似微不足道的小细节,都能让你手忙脚乱。

成功大师卡耐基在谈到与人相处的时候,讲了一个基本的观点:看一个人成功与否,不仅仅只看他的本领,还要看他人际关系处理的技巧。因此,一个不懂得与人和睦相处的人,是得不到他人的亲近和帮助的,而一个不能与人和谐相处的人,是永远不会走向成功的。在大部分时候,一个人对你不敬时,或许你的反应是十分激烈的,然而,维护自尊固然重要,但是在维护自尊的时候,也要把握好尺寸。如果太过敏感,自尊心太过强烈,会令自己浑身带刺,刺伤别人的同时,也同样会伤到自己,结果人群中的你就成了“孤家寡人”。

和谐的相处之道就是:不要光想着个人的面子问题,还要看到比面子更重要的东西。如果把面子放在第一位,逞口舌之快,与对方针锋相对,就会失去更多的朋友。所以,在与人相处的时候,虽然尊严是不能丢下的,但也要把握好分寸,维护好别人的面子。其实,“你敬我一尺,我敬你一丈”,潜意识是在说“你希望别人怎样尊敬你,你就应该怎样尊敬别人”。真正有远见的人会在人际关系交往的过程中慢慢积累“人气”,同时也给别人留下一定的回旋余地,说话掌握分寸,不刻薄,不强势,从中找到自尊与利益中间的平衡点。总之,想要别人尊重你,首先要把别人放在心上。

3.

尊重他人就是尊重自己

尊重他人是一种高尚的美德，是个人内涵和修养的体现。和谐的人际关系，正是建立在互相尊重的基础上。简单地说，尊重他人，不仅反映了一个人道德方面的修养，还体现了一个人文明礼仪方面的素养。对企业而言，员工的文明礼仪，也反映了一个企业的文化底蕴。无论是对亲近的人，还是工作中的同事，都应该自觉坚持尊重他人的原则，因为，尊重他人就等于尊重自己。

任何一个人都希望得到别人的尊重，在现实生活中，有些人不注意尊重的相互性，在亲人、朋友、同学、上下级、同事、客户之间，常常以自我为中心，不注意顾及他人的感受。比如，交谈的时候，不给别人留下足够的说话空间，只顾一个人说话，或是在听别人诉说心事的时候，总是不时打断，在你发表自己的意见之后，对给自己提意见的人耿耿于怀等，这些都是不尊重他人的表现。

在热闹的街头，一名商人看到一个衣着破旧的小贩，推着一辆旧三轮车推销铅笔，听到小贩的沙哑的叫卖声，不难想象对方已经口干舌燥了，但他仍然不舍得花钱去买一杯水喝。商人心中顿时产生一股怜悯之情。于是，从裤兜里翻出一枚一元硬币，丢进了小贩的笔筒中就走开了。

但是，没过多久，商人又返回来了，他突然觉得这样十分不妥，对方也是在做生意的人，这样把钱丢给对方，显然是不尊重小贩。于是，他又连忙返回，从笔筒里拿了几只铅笔，并说："抱歉，我刚刚忘记取笔了，请不要介意。"最后，商人对小贩说："你和我一样，都是商人，你在卖东西，我付了钱，就要拿走相应的商品。”

几年之后，商人参加了一个商业交流会，他的生意面临破产，如果能在交流会上找到一个资助者，他就能翻身。但是，任凭他说破了嘴皮，别人都爱理不理。就在他心灰意冷的时候，一位穿着整齐的企业家来到了商人面前，对他说：“你遇到什么麻烦了？或许，我可以帮你。”

商人把自己的困难向企业家说了一遍，企业家说：“不用难过，这些都可以解决。”

当商人询问企业家为什么帮助自己的时候，企业家说：“我想你可能已经忘记了我，我也不知道你的名字，但我永远记得你，你是那个给了我自尊的人，你让我感受到被人尊重的价值，不知道你现在还记不记得当年那个在街边卖铅笔的小贩……”

故事中的商人，尽管怜悯小贩，但却选择尊重小贩。而重新找回自尊和信心的小贩，也在另一个领域获得了成功，并对商人的尊重怀有感恩之情。在现实生活中，我们也会遇到这种情况，对给予我们尊重的人，感念一生，而对践踏我们自尊的人，心怀怨恨。当然，在日常工作或生活中，难免会遇到一些有意或无意伤害到你的人，遇到这种人时，你会换一个角度看待他们，选择宽宏大度地处理，还是睚眦必报呢？

如果你选择前者，那么你的大度、不斤斤计较，会让你的人格散发出耀眼的光芒，这样不仅不会让你失去尊严，还会让你赢得更多尊重。在今后的工作和生活中，也能收获意想不到的惊喜。而如果你选择后者，那么在让你失去良好的人际关系的同时，还会丢失原本握在手中的机会。其实，你对别人的尊重，也是对自己的尊重。因为尊重别人，也会使别人对你肃然起敬。朋友之间、同事之间、上下级之间就要学会互相尊重。

在工作中，领导对下属的尊重，则会增加上级的个人魅力，特别是一些高层领导，对下级表现出尊重感，说话温和可亲，关怀、体谅下级工作以及生活上的困难，更能赢得下级的尊重。可以说，每个人的内心都是渴望他人尊重的，但你应该先尊重别人，才能赢得别人的尊重。所以说，尊重别人就是尊重自己。

和谐的本意是协调和睦，从这个意义出发，和谐的人际关系就是以"人和"为基本条件的。要实现"人和"，根本在于我们与同事、朋友、亲友、客户、领导之间能否和谐相处。那么，在人际交往中，如何才能与别人友好、和谐地相处呢？首先，应该学会如何尊重别人，因此，在人际交往中要做到以下几点：

(1)耐心倾听。

在人际交往中，善于倾听是个人修养的体现，交谈是最常见的活动，做个耐心的倾听者能让倾诉者感受到被尊重的感觉。学会倾听，来自朋友、同事的倾诉，能让你走进他们的内心世界，倾听不仅能帮助倾听者分担心理上的压力和郁闷，还能分享他们内心的快乐，更接近他们。

(2)助人为快乐之本。

人与人之间，本身就应该互相帮助，帮助别人是一种美德，更是一种美好的体验。因为你在帮助别人的时候，内心必定是充满爱心的，这让你看待任何事物，都怀着一种愉悦的心情。此外，还要懂得感恩那些帮助过你的人，感谢身边对你提供方便的人，感谢阳光和雨露，感谢生命中的每一份历练，唯有懂得感恩才会懂得珍惜。助人同样如此，因为每个人都要生活在群体中，所以，帮助和被别人帮助都是爱与被爱中不可缺少的环节。只有大家互相帮助，才能创建和谐的关系。

(3)懂得欣赏他人。

尊重别人就要先欣赏对方，你的欣赏会给他人好感。当然，也要学会欣赏自己，懂得学习、思考、修正自我。欣赏他人意味着超越嫉妒和狭隘，因此欣赏他人能让我们赢得更多朋友。

4. 尊重别人就必须保持谦逊的态度

与人相处要懂得尊重他人，尊重他人就要始终保持谦逊的态度和朴素的作风。或许，有的人会觉得低调做人是一种懦弱、无能的表现，其实并非如此，在人际交往中，低调是一种境界，更是一种智慧。

在日常工作中，尤其是与上司相处的时候，低调是身为下级的你不可或缺的东西。在工作中适当地表现自己，让领导和同事看到你的闪光点，是展现自我价值的表现，但如果刻意地去张扬、炫耀自己的优点，把展现自我当成赢得别人重视的手段，就会适得其反，不仅会让你失去人际关系，你的过分表现、居功自傲、自以为是还会引起他人的反感，甚至是厌恶或嫉妒。

俗话说“谦虚让人尊敬，自大使人远离”，谦虚是一种美德，更是保证和谐人际关系的基础。在传统的为人处世哲学中，万事以和为贵，被奉为人际交往的经典之道，而大部分人也是秉着这种精神与人相处的。但是有些自视清高的人却把这种怀着和谐相处愿望的人，定义为“老好人”，对别人的谦逊不屑一顾，甚至任意践踏，这样只会显得自己品质不好。

其实，和谐的人际关系是一种生存的基本条件。在如今的社会中，人们最希望得到的是如何展现“自我价值”，所以，不要一味地否定别人，要懂得欣赏别人，尊重别人，不居功自傲，让自己在任何人面前都做到谦和可亲，尝试与别人换位思考，多站在别人的角度去看待事物，而不是总强调自己的感觉和需要。这样不仅让你的生活和工作变得更加轻松自在，还能拉近你和别人的距离。

一场春雨过后，小草开始冒芽了，大地换上了绿色的衣服。

太阳出来了，勤劳的小蚂蚁们又开始在这个春天里为遥远的冬天准备粮食。

它们把食物运回家，储藏起来。小蚂蚁的仓库很大，它们储藏了许多食物，但是为了堆满仓库，它们依然奋力寻找食物。转眼到了夏天，烈阳把它们炙烤得汗流浃背，它们仍然顾不上擦汗。

这时，一只蝉从小蚂蚁的头顶飞过，它看到蚂蚁们忙碌的样子，感觉很有趣，便嘲笑道："一群傻瓜，这么热的天，在这里自讨苦吃，你们看我多自在，在树荫下乘凉多好，什么时候你们才能学聪明一些？……"说完，蝉飞到树枝上，在树上唱了一会儿歌，蝉不由自主地赞叹道："看我跳得多好，实在太美了！"

转眼之间，秋天来了，蚂蚁们仍然忙碌着，蝉仍然在嘲笑它们。渐渐天气冷了，冬天快要来了。一天，蚂蚁们听到有敲门声，打开门一看，蝉站在门口，有气无力地说："亲爱的蚂蚁，给我点儿吃的吧，我好几天没吃东西了，快要饿死了。"

蚂蚁们说："夏天的时候，你为什么不准备粮食呢？"

蝉不假思索地说："夏天我忙着练歌喉呢。"

蚂蚁们说："那秋天呢？"

蝉说："秋天忙着练习舞蹈呢。"

蚂蚁们拿出了一些食物给蝉，蝉看到食物，立刻扑上去，大吃起来。蚂蚁们看到它饥不择食的样子，叹气道："如果夏天你只知道唱歌，秋天只知道跳舞，那么冬天就只能挨饿了。"

在现实生活中，有的人也像蝉一样，在他人面前总是显得比别人高明，不懂谦逊，有一点儿小成就就沾沾自喜，而有的人却懂得为自己的未来绸缪，像蚂蚁一样，在别人面前谦和，不与人计较，只知道埋头做自己的事情，为冬天储备粮食。这才是提升自我，让自己获得成长的途径。

无论在任何时候，面对任何人，我们都应该学会谦逊，这样才能赢得他人的欢迎和尊重。要知道，从人际交往的本质来讲，人与人比的不是谁更优秀,而是谁更懂得尊重他人。正如成功大师卡耐基曾说的:“你有什么可炫耀的呢,你知道吗?医生从你的脑子里取出一点碘,你就会变成白痴。”

5. 尊重别人不能是“表面工作”,而要发自内心

每个人都希望受到别人发自内心的尊重,只有真正获得他人的尊重,才能感受到自己存在的价值。要知道,在现实生活中,你绝对不会发自内心地去尊敬一个各方面都远不如自己的人,但是也并不能说对不如自己的人就不尊重,事实上,每个人身上都有自己的优势,别人身上的优势,可能就是你身上所没有的。

学会发自内心地尊重别人,重点就在于发现别人的优势,认识自己在这方面的不足,懂得向别人学习,这样你才能发自内心地尊重别人。因此,在尊重别人的前提下,在自认某些方面不如别人的前提下,应该发自内心地认可别人,学习他们身上的优点,从而让别人感受到你对他们发自内心的尊重。

陈杰大学毕业刚参加工作时,做事小心谨慎,怕自己处理不好人际关系,得罪公司的老前辈,虽然偶尔受点儿委屈,陈杰都选择忍气吞声。但他还是受到了同事的排挤,一个大他三岁的同事,总是看他不顺眼,甚至联合一批同事孤立他。那时,陈杰觉得上班简直是一种煎熬。每天,他都希望赶紧结束工作,逃出办公室这个让他压抑的地方。

一年后,陈杰换了一份工作,进入了IT行业。陈杰选择这类公司的理由很简单:“在IT公司,大家都一门心思地对着电脑做技术工作,谁有心思搞人际关系啊?”可是,进入公司后他发现,自己的想法是错误的。陈杰身处的程序开发部门,只有他自己是新人,其他同事都是老员工,资历最浅的来公司也一年多了。

在办公室里工作时,一位老前辈经常找陈杰帮忙,碍于面子,陈杰也都随叫随到,但这些常影响自己的工作进度。一次部门会议上,部门经理表扬了陈杰的工作,夸他有干劲儿,同时批评了那位老同事,当时,陈杰觉得那位老同事的表情很不好。果然,会议结束之后,陈杰明显感觉到同事们对自己的戒备和敌意——那位老同事仗着自己资格老,拉拢了几个同事冷落自己,陈杰发现自己又陷入了人际关系的怪圈,这让他感觉自己在工作中越来越吃力了。陈杰不禁在心中哀叹:“两份工作都是如此,难道是我自己有问题?我应该如何与别人和谐相处呢?”

故事中的陈杰是现实工作中不少人的真实写照,陈杰的问题并不是他能力不行,而是没有发自内心地尊重别人,没有主动和同事进行沟通,总是以逃避的方式去面对,结果情况越来越糟糕了。对别人的尊重不能只是流于表面的敷衍,应该达到真心理解、真心帮助、真心尊重别人。其实,尊重别人也可以作为自己修养身心的磨炼,努力把自己塑造成一个懂得理解他人、帮助他人、关心他人、爱护他人的人。这时,你会发现构建和谐的人际关系是十分幸福的事情。

发自内心地尊重别人,要先树立自信心,让自己不亢不卑。充满信心也是尊重他人,使他人信赖自己的前提。要知道,一个缺乏自信的人不仅不会发自内心地尊重别人,还会在自卑中变得嫉妒,给别人更多的敌意。所以,发自内心地尊重并不是卑躬屈膝、巧言令色的去讨好对方,这种趋炎附势的尊重是降低自己人格的做法。不亢不卑,就是不骄傲,但有傲骨,不盛气凌人,懂得把自己和别人放在一个平等的位置上与人交谈,否则只会引起他人的反感。可以说，只有不亢不卑，才能得到他人的尊重，也才能让别人觉得你的尊重是发自内心的。

流于表面的尊重总是等着别人先来尊重自己，真心的尊重是先学会尊重别人，诚心以待，不乱猜疑，不背后乱说人是非。在生活中，你或许会遇到一些人，他们总喜欢在背后议论别人，如果你不幸成为了别人议论的对象，这时千万不要与人发生争执，只要做到问心无愧，拿出实际行动给别人看，就能获得别人的尊重，流言蜚语自然会销声匿迹。

此外，发自内心地尊重别人，不能轻率地向别人承诺，这是最基本的人际交往技巧。其实，大部分时候最难认识的不是别人，而是我们自己，说出去的话就要兑现，不能只是说说而已，要知道，发自内心地尊重别人不是表面功夫，要谨遵“一诺千金”的信条，答应别人的事情就要做到，这是尊重他人的原则，也是做人的基本准则。在很多时候，有些人是很难真诚对待我们的，而为了让别人信任自己，有的人会说一些浮夸的话，或夸下海口，做出一些口头承诺。比如，有的人会对别人说“有什么事儿，尽管来找我，我一定义不容辞……”但是事情真的来到面前的时候，他们又会找种种借口搪塞他人，给人留下“此人不可信、不尊重人”的感觉。

当然，这只是一种现象罢了，总之，如果我们做出承诺，就要言出必行，否则，就不要轻易地给予别人承诺，不然受伤害的不仅只是对方，你也会受到一定的伤害。懂得发自内心地尊重别人，是做人的一个原则，人际圈不同于其他圈子，在职场上，如果不懂得构建和谐的人际关系，就等于没有掌握生存的发展法则。尊重别人就是这项法则其中之一，但也有一些人，习惯做表面功夫，并且很能掩人耳目，表面上看着谦和，而在人后却是另一番模样，这样的人不免让人反感。

敬由心生，摒弃表面的尊重，发自内心地尊重别人，这才是真实的反应，在人际交往方面，我们应该发自内心地尊重别人，这是最基本的人际交往法则。社会有它复杂的一面，或许为了保护自己你选择了伪装，然而，伪装并非长久之计，只有真心以待，才能获得别人的真心。

第四章

理解他人：理解拉近心与心的距离，让大家不再是“熟悉的陌生人”

1. 学会理解他人，跨越心与心之间的障碍

在人和人的交往中，重要的不是你的交际手段有多高明，也不是你多么的巧舌如簧，而是在交往过程中让他人与你交心，对你产生信赖。人心之间的距离是人际交往中最难跨越的鸿沟，想要走入一个人的内心，最重要的是先懂得理解别人。在这个物欲横流的时代，人与人往往都处于非常表面的交往关系里。比如经常一起工作的同事，一起生活的邻居，每次见面或许都笑容满面地点头打招呼，可是，你真的了解经常与你打招呼的人吗？或者说，那些和我们看似很熟悉的人，我们真的了解他们吗？

无论是生活上，还是工作上，人们总会不由自主地建立起一个自己的小圈子，在圈子外的人，只能算是认识，见面时会点头打招呼，但却跟“自己人”挂不上钩。所以，就出现了这样一个怪圈：我们也永远生活在自己的圈子里，别人进不来，自己出不去。长此以往，人和人之间就形成了一道透明的“玻璃墙”，阻碍了人们的和谐交往。所以说，在人际社会中，我们都要学会理解他人，将透明的“玻璃墙”打破，拉近心与心之间的距离。每个人都期望被他人理解，而先去理解他人也是十分有必要的，理解是和谐人际关系的催化剂！

此外，人与人之间的关系，是因理解的程度而有所改变的。当两个人之间缺乏理解的时候，他们会因为一些鸡毛蒜皮的小事对彼此产生误会，信任感也会逐渐降低，直至变得生疏。相反，我们学会了理解他人，就会使人际关系变得越来越密切，甚至会让你和别人产生相见恨晚的感觉。

当你进入一个企业工作的时候，最需要的就是团结，而如何才能变得团结呢？那便是理解他人，发自内心地理解他人，体谅他人。这是一种巨大的能量循环行为，当你与别人发生不快时，你原谅了对方，并理解对方不当的行为，那么这种正面情感就会得到传播，他也许会在与其他人发生不快时，选择理解别人，最终这股正能量又会循环到你身上，使身边的人理解你。

无锡88路公交车驾驶员蔡玉华就是一个懂得理解他人的人。

蔡玉华自从加入无锡88路车队，就把服务乘客、奉献企业作为检验自己岗位工作的标尺，把十米车厢看成履职尽责的平台，孜孜不倦，兢兢业业地把工作做好。站里有什么要求，他都能理解，有时需要加班，他就会主动留下来。蔡玉华说：“如果自己服务工作做不好，损坏的是公交行业的形象，身在集体，就要理解集体的决策。”

这天，因清明节扫墓的人较多，蔡玉华一边提醒身体不便的老人小心乘车，一边注意路旁的行人。可是就在这时，一位小姑娘因为没有挤上前面的班车，再加上人员较多，不好上车，就对蔡玉华恶语相向。面对无端的辱骂，蔡玉华并没有生气，而是面带微笑，动员乘客往车厢里走，给她腾出站立的位置。

听到小姑娘仍喋喋不休在辱骂，车上几位老乘客忍不住了，替蔡玉华鸣不平：“这个驾驶员跟你父亲一样大的年纪，你这样说人家，他仍微笑着为你疏导让你上车，你还得寸进尺，太不应该了。”

蔡玉华说：“没事，今天大家都忙着去为亲人扫墓，都互相理解理解，别为了我大家不痛快。”蔡玉华的大度忍让，使所有的乘客都为他竖起了大拇指，那个年轻姑娘，最终在其他乘客的指责下，一脸羞愧地向蔡玉华道歉。可见，蔡玉华以自己高尚的品格修养，把服务工作做得如此出色，这和他懂得理解他人是分不开的。

在一次内部会议上，一些同事认为车队在处理投诉时偏袒乘客，心中不满。蔡玉华听到大家的抱怨后，站起来说："我们不能改变乘客对我们的看法，但可以改变自己的做法，要从主观上找自己的不足，不能片面强调客观原因。如果我们从主观上做到位，要理解乘客的心理，语气上注意一点儿的话就会有好的效果，千万别得理不让人，抬杠子，这样乘客也会理解我们的。"

车队常有一些规定、通知下发到调度站，要求驾驶员阅后签字，少数驾驶员有厌烦心理，免不了有几句牢骚话。蔡玉华从自己也是驾驶员的角度说："如果我们不认真看就签字，那么开车时很容易出问题，这样一来就会有安全隐患，而且车队不就乱套了吗？做不好工作，我们的心情也会受到影响。"这一席话使大家都明白了一个道理：签字是为了让自己认真阅读相关内容，对于自己做好工作，安全行车是大有益处的。

"知道理解他人，与乘客没有距离感。作为一名优秀员工，他不是让别人听自己嘴上说，而是看自己实际上怎么做，始终把乘客利益、企业形象放在至高无上的位置。"这是车队领导对蔡玉华的评价。

其实，蔡玉华的工作是十分平凡的，但正是这样平凡的工作，造就了他的优秀。他懂得理解乘客、理解集体、理解规章制度，接受不能改变的，改善能改变的。正是这种以理解他人为先的胸襟，打破了驾驶员和乘客之间的隔阂以及上级与下级之间的矛盾，使得双方能够站在一个互相理解的天平上和谐相处。

在现实生活中，我们或许也和蔡玉华一样，做着一份普通的工作，每天接触各种各样的人，所以，理解他人也就变得至关重要。理解他人本身就是一种品德，如果时常带着这种品德与人相处，并不断提升这种品德，发扬这种品德，我们的职场人际关系，将会变得更加和谐顺畅。

2. 要想快乐共事，就不能凡事斤斤计较

职场中，和谐的人际关系越来越难以形成，有的人为了小小的利益和同事争得头破血流，为自己的得失斤斤计较，从来不肯吃一点儿小亏，也不愿让别人得一点儿便宜。他们似乎也因为自己的“聪明”而获利不少。比如公司给员工发放一批福利，最后剩下一件的时候，某个“精明”的职员就会跳出来，以某种借口将其据为己有，而其他的同事也不好意思说什么，又或者是上司分给部门一个临时的任务，这个员工一看任务有些麻烦，便借故推给其他同事。

这样的“精明”看似占了便宜，但是却是职场上的大忌，若人人都学得如此“精明”，那只会引起更多的争吵和分歧，一旦心理上有了疙瘩，那在以后的工作中，也会因为个人原因而在选择或者是决定上有所偏差，长此以往，会让整个工作变得麻木而辛苦，这样工作就会变成一种苦差，甚至会对工作产生厌恶感。

工作占据我们生活的大部分时间，甚至我们每天与同事相处的时间，有时候要比家人还要多，如果这大部分时间都不快乐，那还有什么理由让自己继续奋斗下去呢？所以不能斤斤计较，不要去做那么一个“精明”的人。在职场中，我们都来自不同的地方，都有不同的背景，有不同的生活、工作习惯，在工作接触中，不可避免地会发生矛盾，学会理解、宽容地对待同事，同事也同样会以理解他人的情感回报我们。

所以说，我们要想让工作变得快乐，要想拥有和谐的人际关系，就不能凡事斤斤计较，更不能总想着占小便宜。

张华和陈凡都是大学生，两人大学毕业后同时进入了一家生产销售为一体的家具公司，主要工作是电子数控的技术维护。因为两人在学历、技术和能力方面，都相差无几，所以，无形中就成了一种竞争关系。

一天，临近下班的时候，张华因为不经意的一个失误，导致一组急需要的数据丢失了。这下可把他急坏了，因为这组数据十分重要，早上主管还特意交代过他，一定要把数据整理出来。因为，第二天一早，有一个重要的会议，需要用这个数据。并且这个数据十分复杂，即使他今天晚上一个人加班到凌晨，恐怕明天也不一定能拿出成品出来。这时候，陈凡安慰他说："别着急，一个人整理不出来，那就两个人一起，我今天晚上也不走了，咱们一起重新整理，明天早上一定能完成，不会耽误会议用的。"

这天晚上，陈凡陪着张华一直忙活到凌晨4点多，终于把数据全部整理出来。张华看着陈凡因一夜没休息而布满血丝的眼睛，惭愧地说："陈凡，真是对不起，以前我总是和你争头衔，可你却不跟我计较，还主动帮我……"陈凡没让张华再说下去，拍拍他的肩膀说："没什么大不了的，我也有很多地方做得不好，你说出来也没什么，这样我才知道咱们俩怎么可以更好地相互配合。"

这件事情之后，张华对陈凡由最初的敌对态度，转变成了一种工作中相互协助的热情友谊，他还对其他同事说："陈凡宽容大度，懂得理解他人，尊重他人，是个值得信任的朋友！"而其他同事，也发现经过了这件事情，张华学会理解他人，尊重他人了，也乐意和他亲近。

张华和陈凡之所以能和谐相处下去，是因为陈凡能宽容和理解他人，相比张华的待人方式，陈凡更能获得同事的青睐。在日常工作中，通常我们身边也会遇到像张华和陈凡这样的人，张华没事喜欢斤斤计较，如果别人比自己做得好，就会采取敌对态度，甚至会说一些难听的话讽刺别人，他们常常与别人发生矛盾，所以人际关系通常很僵化；而像陈凡这样的人，往往比较豁达，懂得在别人遇到困难的时候去帮助别人，这样的人身边从来不缺少朋友。

宽容豁达是构建和谐的人际关系的基础。在人际交往中，要做到不能凡事太计较，要以包容理解的心去看待别人，这样不仅是为了让自己的工作更轻松，也能让自己身心更愉悦。一个民工曾在被采访时说了一句让人记忆深刻的话：“每当我原谅一个人对我做出的不好的事，我就觉得自己做了件善事，积了些德，我就会变得更开心，那样，我就觉得自己的生活很轻松，每天也开始怀着期盼的心情去上班。”是的，每当我们原谅了一个人，一件事，就觉得自己做了件善事，那么我们就会变成一个心胸开阔的人，让自己在工作中拥有更多的快乐，不会再为一些小事情而生气，不会再给别人留下斤斤计较的印象。

要学会宽容对待别人，严格对待自己，成为这样的人，才容易受到他人尊重。试想一下，在日常工作中，那些受人欢迎的同事，和他们在一起时，你是不是也会觉得很轻松？因为当你犯错的时候，对方总能理解你，安慰你，帮助你，我们也应该学着去理解他人犯的错误，这样的和谐人际关系，也才会创造出更多的价值。

每个人都渴望他人理解自己，在与同事共处时，最要不得的就是凡事斤斤计较，如果同事之间互相体谅，互相宽容，那就不存在难以相处、难以结交的人，也没有化解不了的恩怨。爱计较的人，或许在某些方面上，可以占那么一小点儿便宜，而在心理上却常常处于愤怒之中，总觉得世界对自己不公。因为你在指责他人的时候，你的心情想必也未必愉悦，时日一久，就会在心里形成小疙瘩，而小疙瘩越积越多，使心灵扭曲，使个人品德下降。所以说，为了让我们自己能够愉悦地工作、生活，就要多理解他人的难处，懂得宽容他人，不要和别人斤斤计较。

3.

理解别人的难处，不要轻易指责别人

在人际交往中，我们都会遇到一些自私的人，这些自私的人总是认为，只有自己才有难处，只有自己才会陷入困境。而当他们看到别人犯了错，往往首先便指责嘲笑别人："这么简单的事情，也能出错，太没用了。"然而，人非圣贤，孰能无过，犯错在所难免，只有对自己要求严格，对别人宽宏体谅，这样才能让自己远离嫉恨。在人际交往中，因为立场不同的关系，每个人都会遇到不可言说的难处，我们需要别人的谅解，别人也需要我们的体谅。可以说，理解是有互动性的，所以，你想要得到别人的理解，要先理解别人，不要在什么都不考虑的情况下，就轻易地去指责别人。

人际资源丰富的人与人际资源贫瘠的人，最大的区别在于，前者"以责人之心责己、以恕己之心恕人"，看到别人的优点时，懂得努力学习效仿，看到别人的缺点时，懂得反思，并避免自己也形成这种缺陷；而后者则不与人和睦交流，不懂得理解他人，遇到难事也总是推给别人，不顺心时找别人撒气。要知道，指责只会让事态变得更加严重，只会给别人带来更多心理压力。

在工作中，大家都无可避免地会犯错，或许我们会找很多理由去推脱，因为任何人都不希望自己被指责，特别是不知情的人指责。所以，你应该站在当事人的角度上，在与人交往，体谅他人的难处，不要轻易指责他人。我们生活的社会不是一个孤独的岛屿，是一个以群居为主的社会，我们需要与别人交流合作。

要知道，如今的社会，单打独斗已经不再是主流，想要合作成功，想要工作顺利，就要深谙和谐人际关系的相处之道，而理解他人，不过分指责他人，就是与别人搞好关系的基本原则。在人际交往中，我们都应该学会站在别人的角度来思考问题，要在适当的时候做出合理的自我牺牲，更要设身处地地替他人着想，切记不能以自我为中心。

此外，我们在工作中，每一次完成工作任务，也可看做和同事的合作成功。因此，我们也不能忘记和大家共同分享功劳，不能为了处处表现自己，将大家的努力成果，归到自己的身上。要向他人提供机会，并帮助其实现工作目标，这对于处理好人际关系是相当重要的。替他人着想还应该表现在当他人遭到困难、挫折的时候，帮助别人度过困难上。一起患难与共过的朋友，相比于一起享福的朋友要珍贵得多，信任感也强烈得多。所以，在他人遭遇困难的时候，我们应该伸出援助之手，给予帮助。

所处的环境不同，立场也会不同，我们很难从自己的角度去了解对方的感受。所以，在人际交往中，对他人应该怀有一颗体谅之心，不能以自身的角度去批评别人。要知道，人各有别，不了解别人的难处就去指责、批评别人，将来也会被别人批评，与人交往，最怕的就是产生误会，避免误会的最好办法就是不轻易批评别人。从某种意义上来讲，轻易批评意味着伤害，如果你经常轻易批评别人，那么，你的身边不会有朋友的。

著名的成功学大师安东居·罗宾曾说过的：“即使是上帝，如果不到世界末日，也不会轻易地审判人类，更别说轻易地指责别人了。”让我们尽量地去理解他人、体谅他人，将人际关系和谐化，不要以责骂的方式进行互动交流，因为理解比指责更有益，也更能孕育仁慈。要知道，每个人都不是完美无缺的。因此，不要用完美的标准去要求别人，当你忍不住想批评、指责别人的时候，首先想一想自己如果出现这种情况，会怎么做。

在现实生活中，我们经常会遇到一些各方面都很优秀的人，但一些人总喜欢自以为是，指责那些不如自己的人，似乎只有他们做的才是最好的，总是以一个完美主义的形象展示自己。其实，每个人都有自己的缺点，犯错在所难免，每个人也都希望自己是最优秀的，但人不能过于自傲，需要充分认识自己，了解自己的优势和不足。

即使你真的优秀也不应该轻易地指责别人不如自己，因为每个人都希望得到他人的理解和肯定。况且，人与人之间本身就有很大的不同，从智商到情商都有区别。所以，在人际交往中，我们需要学会理解他人，改善自己的不足，当然，很多事情是既定的，无法改变，那就去严格要求自己。试想一下，如果总有人指责你的不足，想必你也不会开心，而别人赞美你的优点，你一定会为此开心许久，这种心理本身就是正常的，不必为此惊讶。如果你觉得自己足够优秀，你可以多帮助别人，发挥自己的优势，让别人从心里佩服你，如此一来，你就能够拥有和谐的人际关系。

4. 换位思考，站在别人的立场上考虑问题

在日常工作中，我们每天都要和同事、领导沟通交流。而在交流的时候，如何与别人交谈，也决定了你构建和谐人际关系的成败。在职场上，与人交谈是一门艺术，很多时候，人们之所以交不到朋友，就是因为没能在交往过程中把握好分寸，不懂得换位思考。

懂得换位思考，就是懂得设身处地地为他人着想，即理解他人，想他人所想，要知道，理解他人是一种处理人际关系的重要思考方式。

人与人之间交往活动，本身就建立在互相理解、互相体谅的基础上，所以学会换位思考，也是构建和谐人际关系的基础。从心理角度上来讲，换位思考也是与人交往时的心理体验过程，人们设身处地地彼此达成理解。客观上来讲，就是要求我们把自己的内心世界打开。比如，用真情跟别人交流，将自己的思维方式和别人的思想连接起来，构建一个心灵互通的桥梁，站在对方的立场上去思考问题，感受对方的心情以及心理体验，从而和对方在心灵上达到共鸣。

当然，在现实生活中，也有很多人不懂得换位思考，做出对自身、对他人有损人格的举动，最终让自己失去融洽的人际关系，甚至丢掉自己的工作。所以,我们坚决不能成为这类人。

李艳毕业之后就选择了做一名“北漂”,在中关村一家计算机公司做了程序员,不过做了不到一年,她就离开了这家公司。而她之所以离开这家公司,并不是公司效益不好,也不是老板薪酬给得少,而是因为她在同事面前抱怨老板,被老板得知之后,处处打压她,使得她不得不跳槽。

事情还要从一次工作分配说起。那天,老板交给李艳一项难度很大的任务,并对她说:“这个工作很有挑战性,难度很大,你敢不敢接受挑战?”尽管当时李艳觉得自己的实力并不足以完成这样艰巨的任务,但既然老板能在众多新人中挑中自己完成这份艰难的工作,就说明老板看好自己,器重自己。所以,李艳没说推托的话,就满口答应自己一定能完成。

结果,因为工作任务的期限比较短,李艳没有在规定时间内完成任务,因为此事,遭到了老板的批评,并受到了一定的处罚。最终,这件事一直压在李艳心底,她觉得十分委屈:“明明任务如此艰巨,无法按时完成是意料之中的事情,不管怎么说,我当时也一直在努力去做,做不完对我进行批评也无可厚非,但也不应该算做是工作失误,对我进行处罚吧!”

事后,李艳愤愤不平地向同事抱怨:“老板真是太过分了,给我那么难的活儿,却要我在短时间内完成,我都说自己能力不足了,没做完还处罚我。”结果不久,这事就传到了老板耳中,老板并没有吭声,而是给了她一项新任务,这次李艳完成的十分顺利。

但正当李艳扬扬得意的时候,老板又派给她一项难度较大的工作任务,并对她说:“有活儿才能养活我们整个集体,我是老板,无论是简单,还是艰巨的工作,服从都是身为下属应该做到的。公司不养无法接受挑战的人,适应不了,可以走人。如果这次任务还完不成,我想你应该考虑换一份自己力所能及的工作。”

结果是，这项任务还没有进行到一半的时候，李艳就只能选择提前寻找下一份工作了，因为她已经从老板秘书那里得知，自己干完这个活儿就要走人了。所以，她不得不选择了跳槽。

显然，故事中的李艳没有站在老板的立场上思考。既然我们选择了一份工作，就应该懂得为公司考虑，懂得站在老板的立场上考虑而不是总考虑自己不考虑公司。换位思考是和谐人际关系的润滑剂，所以，人际交往中，我们都应该懂得站在别人的角度思考问题。其实，在人际交往中，我们都有一个共同的特点，就是总是站在自己的立场上思考问题，而如果换个角度思考，结果就多了一些理解和宽容，也更容易拉近自己与他人的关系。

和谐的人际关系都是从换位思考做起的，我们在进入一个团队工作中后，只有懂得换位思考，才能增强团队工作的凝聚力，对于一个企业的领导者来说，换位思考的能力是企业成功的一个要素，而对于员工来说，换位思考的能力是能否展现自我价值的一个重要因素，也是一个人立足于社会，成就事业的重要跳板。

有这样一个有趣的故事：

妻子正在厨房做饭，她今天准备做红烧鱼。当她刚把鱼放进锅里，一旁的丈夫就唠叨不停：“赶紧，把火开小些；快，给鱼翻身；油放太多了……”

妻子生气地说：“我知道怎么做鱼，不用你在这指手画脚！”

丈夫平静地回答：“受不了我对你指指点点？那么现在你知道我开车时，你在旁边唠叨时的感觉了？”

其实，在现实生活或工作中，很多人都会遇到这样的情况，别人对你指指点点的时候，你会很厌烦，而这样的事情放在你自己的身上也是如此，如果你总是指责别人，是会让人产生厌烦的心理的。从企业的角度来看，一个团队为了达到自己的目标，就要求其员工与员工之间能够相互体谅，相互帮助，如此才能高效率地完成企业交付的任务，赢得客户的满意，以获得合理的经济效益。可见，从某种意义上说，和谐的人际关系，是赢得合作关系，走向成功的起点。从个人角度上来看，善于处理好人际关系，维护并保持良好的人际关系，是在社会中、在职场中，必备的要素之一。

可以说，构建和谐人际关系是一种双赢思维，而双赢思维，就是要求能够站在别人的立场上，去思考整件事情，以和谐、合作、共赢的态度去完成工作。

第五章

诚实守信：没有诚信这片沃土，就开不出和谐关系的花朵

1.

打造诚信口碑，构建和谐人际关系

诚信是创建和谐关系不可缺少的重要环节。诚信作为一种道德规范，是一个人品质的重要修养，也是企业文明进步的标志。人无诚信则无法立志，家无诚信则无和睦，企业无诚信则不兴旺，国无诚信则不安宁。因此，在人际关系交往中，想要构建和谐的人际关系，塑造诚信口碑，有着重要的意义。

一家汽车维修店来了一位客人，自称自己的汽车坏了，需要换个零件。老板拿着工具仔细检查了一番之后，对客人说："你的车子性能不错，零件没有任何问题，不用更换。"

客人说："是吗？费用怎么算？"

老板说："没有维修，当然不用收费。"

客人小声说："那在账单上多写我换了几个零件吧，我回公司报销，到时给你回扣。"老板立刻拒绝了客人的要求。客人仍然不死心地说："我是运输公司的司机，大家都这么做，你就别犯傻了，赶紧写上吧。"

老板怒气冲冲地说："我不做这种生意，你还是去找别人谈吧，请你马上离开我的维修店！"

这时，客人露出微笑，并满怀诚意地握住老板的手说："其实我并不是司机，而是运输公司的经理，我们公司一直在寻找一个信得过的维修店，你把我赶走，那我到哪里去找这样一个有诚信的维修店呢？”

后来，这家维修店成了该运输公司固定的维修点。

故事中的维修店老板面对客人的诱惑不为所动，坚持自己的原则和职业操守，的确令人钦佩。在现实生活或工作中，人们以诚信为本的思想越来越淡薄，这是因为有的人抱着“别人也都是这样做的”思想，让自己也跟着别人走，不管别人是对是错。即使你能想到千万个理由为自己开脱，也无法改变你缺失诚信的事实。要知道，诚信是一个人的第二张“身份证”，是人与人之间诚实交流的代称。所以在人际交往中，要以诚待人，讲信用，言出必行，一诺千金。这样才能打造诚信口碑，树立良好的个人形象，也才能受到他人的欢迎。

打造诚信口碑，并不是说说而已，有的人常说“以诚为本”，但往往却是说着容易做起来难。这大概就是人劣根性的表现，真而不诚，诚而不实，实而不信，他们以利益作为确定诚信的标准，以诚信为借口掩盖自己的贪婪。因而他们的人生也只会黯淡无光，很难大放异彩。在现实生活和工作中，如果一个人没有信用，不讲诚信，那么就很难受到周围人的欢迎，更不用说构建和谐的人际关系了。

有的人和别人交往，总是说一套做一套，这样很难让别人产生信任感，也就不会乐意与之交往；而有的人，总是只要求别人讲诚信，自己却没有以相同的诚信对待对方。可以说，诚信普遍存在于人际关系里，一个人一旦丢掉了诚信，人性中自私的本性也就凸显出来了。诚信口碑的树立，体现了一个人的道德品质，是良知和良心不迷失的“证明”，所以说，诚信是人的第二张“身份证”，打造诚信的口碑，才能构建和谐的人际关系。

2.

“和谐基石”：心怀坦荡，真诚待人

真诚是人与人之间建立和谐关系的基石——和谐的人际交往，建立在以诚待人的处事智慧之上。对人真诚，别人也就会对你真诚。俗话说“你敬人一尺，人敬你一丈”，可以说，不管在任何时候，心怀坦荡，以诚待人，是修身与做人的一项基本原则。

古人用“巧诈不如拙诚”，用来表明诚实的重要性，旨在提醒众人，巧妙的奸诈或许会给你带来暂时的成功，然而一旦为人所识破，换来别人的怀疑和厌恶，甚至招致别人的敌意，只会弄巧成拙。反之，以真诚待人，或许在刚开始的时候，别人无法感受到你的诚意，但经过长时间的相处，别人自然而然地就会看到你的真诚，给予你肯定和信赖。

在人际交往中，只要以诚待人，必然能获得别人以诚相待。在现实工作中，或许有的人会觉得自己免不了处于尔虞我诈、钩心斗角之中，和谐的人际关系是难以建立的。虽然人们常说“老实人容易吃亏”，但这些亏只是小亏，正所谓“日久见人心”，以诚信为本，以诚待人的人不会永远吃亏，只会给他带来巨大的回报，下面的故事就证明了这一点。

有一天，一个陌生的旅客来到了一座繁华的城市。他看到城里的风景很美，想在此定居，但他又对当地的风土人情不太熟悉。于是，他问城门口一位老人：“住在这个城里的人，他们好相处吗？”

老人反问道：“那你原来住的城市，人品如何？”

旅客回答：“简直太糟糕了！他们都是一群互相猜忌、嫉妒，且自私自利的人。我讨厌那个城市的人，才想到别的地方定居。”

老人听了叹了一口气道:“那你真的是太可怜了,因为这里的人,和你刚刚描述的一样。他们也只知道猜忌,十分自私,我想你在这里也不会得到幸福的生活。”听了老人的话,旅客悲愤地离开了这座城市。

没过多久,又来了一位旅客,他向老人提出了同样的问题。老人也同样问这位旅客:“你原来居住的城市如何?”

旅客笑了笑回答说:“我原来居住的城市十分漂亮,那里的人都很好,他们总是互相帮助,互相理解和信任,我觉得他们十分可爱。”

于是,老人说:“那你真是太幸运了!我们这座城市的人也一样,他们互敬互爱,如果你在这里定居,他们一定非常欢迎。你一定会喜欢他们的,当然他们也会喜欢你。”这名旅客高兴地走进了这座城市。

故事中的老人,问了同样的问题,但是两个人却说出不同的答案,这是因为,第一个旅人不懂得真诚待人,只知道指责别人,埋怨别人对自己不够真诚,而第二个旅人却恰恰相反,他只记住了别人的优点,并且从他言语中不难看出,他也是一个能与人坦荡相处的人。所以,才能受到他人的喜爱。这个故事让我们了解到的是,我们如何对待别人,别人也会如何对待我们。

要知道,人与人之间的相处本身就是一个互动过程。真诚待人,是人际交往的根本,也是建立和谐关系的基石。待人诚实一些,守信一些,你才能从人际交往中,从他人身上获得更多的信任和理解,也才能得到更多人的认可和支持。

在人际交往中,诚实守信的良好品质有着巨大的人格感召力,一个做事诚实,说话诚实,待人真诚,内心坦诚的人,无论到哪里工作,都会受到老板的青睐,同事的喜爱,即使是平凡的岗位,也总能得到别人的尊重。因此,我们一定要明白:上级要以诚待下级,下级以诚待上级,工作关系会变得更加融洽;企业以诚待客户,才会获得更多的客户。

3.

诚实守信是人际交往的基本准则

诚实守信是和谐的人际关系交往的基本准则，诚实就是忠诚工作，言行一致，表里如一；守信就是遵守诺言，不弄虚作假，不虚言媚语。“一言既出，驷马难追”作为为人处世、诚实守信的原则，旨在警示世人，说出就应该做到，如果说到而做不到，那么只会让别人认为你是个无信之人，从而让别人对你敬而远之。

和谐的人际关系，需要以诚待人，坦荡无私，光明正大地交往，如果在交往过程中，发现对方有缺点和错误，特别是与他工作相关的缺点和错误，更应该及时告诉对方，帮助他及时改正。

孟令华自1998年起，就连续荣获了大连市劳动模范，被誉为“大连市第一个打工仔劳模”。孟令华出生在山东临沂一个农民家庭，儿时的他虽然家境贫寒，但却养成了诚实、率真的性格，更具有一种永不服输的奋斗精神。

17岁时，孟令华一个人背着行囊来到辽宁打工，刚参加工作的时候。邮局的徐主任问他：“小孟啊，我们这里可是很累的，你怕不怕吃苦。”小孟说：“俺啥都怕，就不怕吃苦。”一个月后，孟令华老实肯干的工作态度，得到了邮局领导们和同事的认可，于是，接替了退休员工的工作，成为邮局的正式员工。

从此，孟令华便更加努力地工作，而老员工们也非常喜欢这个年轻的小伙子，并提醒他：“咱们在邮局工作，任何事情都不能马虎，一定要诚实守信。”孟令华把这句话深深地记在了脑海里。

一次，一位叫吴德秀的老爷爷拿着汇款单来取钱，但因为机器出了一些故障，没办法取现。当时邮局的老师傅都不在，老爷爷发愁道："这可怎么办？这钱我明天等着用呢！要是王师傅在就好了。"孟令华对老爷爷说："您先回家吧，机器下午就能修好，到时，我取了给您送去。"

老爷爷看孟令华年纪轻轻，心里认为他是在打发自己，但没办法取钱，也只能先回去。晚上9点，外面下起了大雨，老爷爷家的门响了，他正纳闷这么晚是谁呢，一打开门，就见一个浑身湿漉漉的人站在门口，仔细一看，才发现是上午在邮局见到的那个小伙子。

孟令华拿着一个用塑料袋子包好的纸袋，递给老爷爷说："吴爷爷，这是您的汇款，我给您取好拿来了，真是不好意思，因为有点儿事，耽搁到现在。"吴爷爷非常感动，拉着孟令华的手说："没想到你还真的给我送来了！真是太谢谢你了小伙子，你和你们那些老师傅一样守信。"吴爷爷的话，给了孟令华莫大的鼓励。此后，他特意把一些行动不便，以及一些家里有特殊情况的老人记录下来，帮助他们解决实际困难。

其实，孟令华并没有做什么惊天动地的大事，他只是信守承诺，诚实待人，去完成自己分内工作的同时，又努力做一些自己力所能及的小事。但这些微不足道的小事足以感动身边的人。在劳模颁奖典礼上，孟令华说："有时候，会碰到一些脾气不好的客户，每当这个时候，我就告诉自己，要以诚待人，说了就要去帮他们，只要能让别人感到幸福就行。我是从一个临时工走过来的，即使我拥有了一些荣誉，但过去我做什么，现在我还会做什么。"

在日常生活中，人们之间的承诺总是十分随意。比如，父亲对孩子随口说"有空带你去动物园"，但后来事情耽搁，就逐渐忘记了，让孩子白白等候；再比如，朋友拜托你帮忙买个东西，你满口答应说"没问题，我有空帮你瞅瞅"，但是，挂了电话，转过头你就抛之脑后了——这些都是不守信用的表现。要知道，哪怕只是小小的一件事，只要答应了别人，就应该努力做到。如果超出个人能力范围，就不要轻易给予口头应允。

再者，以诚待人，应当知人而交，当你拿出诚意之时，也要看看面前的人是什么样的人，不应该对不足以信赖的人坦诚。比如，有的人总是对你遮遮掩掩，不说实话等，而你太过坦诚只会适得其反。而对可以信赖的人，一定要敞开心扉，讲真话、实话，不能欺骗对方，只有以你的诚实坦率，才能换得知己良友的赤诚之心。正如莎士比亚所说："生活是需要诚信的，有了诚信人们才会有幸福可言，生命不可能从谎言中开出花朵，失去诚信，就等于将自己毁灭。"

诚信是一种美德，和谐的人际关系，需要诚信。"信"是人与人之间交往的一个重要因素。可以说，只有相互相信，才能握紧双手；只有相互信任，才能合作愉快；也只有相互诚信，才能建立和谐的人际关系。当然，以诚待人、诚实守信不能仅仅只是口头上说说而已，应以自己的实际行动来表现。

正所谓"肝胆相照，赤诚相见，诚实守信，才会心心相印"，无论岁月流逝还是时代变迁，人与人之间的"真诚"并没有因此而逐渐消弭，相反，人与人之间真诚地交往，才会促进社会的进步，带来了新世纪的光彩。人与人之间如果离开了诚信，将无法构建和谐的人际关系，一个诚实的人才能唤起一群人的诚实。"无信则人危，无法则国乱"，我们生存与这个社会，与形形色色的人打交道就应充满真诚，对朋友诚实守信，才能获得他人的信任。总之，在人际关系发展中，与人交往时，如果能用诚信取代猜疑和自私，就能给自己带来意想不到的收获。

4.

不要为了金钱而抛弃诚信

诚信是一种责任，也是一个人建立和谐人际关系的资本，更是一个人良好品德的体现。诚信做人，必能取信于人，立信于人，获得朋友的信任、老板的信任。在人际交往中，与人打交道，往往离不开金钱——老板因员工的工作能力和态度，给予金钱的肯定，员工也因老板给予的金钱而更尽心；朋友之间往往会因为一些事情，而借用到彼此的资金；企业和企业之间，也会有金钱来往。因此，千万不能为了金钱而抛弃了诚信。

在18世纪初的英国，有一位有钱的绅士，一天深夜他走在回家的路上，突然面前出现了一个衣衫褴褛、面容肮脏的小男孩。小男孩拿出手中的火柴对绅士说："先生，请您买一包火柴吧。"

绅士看小男孩生活艰难，又想尽快摆脱纠缠。他掏出一个英镑，对小男孩说："我身上没有零钱。"

小男孩说："先生，您先拿着火柴，我去帮您换零钱。"说完，就拿着那一英镑离开了。绅士在路口等了很久，也不见小男孩回来，心想："可能他已经拿着钱去买吃的了。"于是无奈地回家了。

第二天，绅士正在家里招待好友，仆人走过来说："先生，有一个小男孩想要见您，说有东西还给您。"绅士以为是昨天拿走一英镑的小男孩。于是，让仆人把人带进来。但这个男孩并不是昨天的小男孩。

小男孩看出了绅士的疑惑，于是说："先生，昨天给您找钱的是我的哥哥,他让我把找回的零钱给您送来。"

绅士说:"那你的哥哥呢?他为什么没有来。"

小男孩难过地低下了头,说:"昨天,哥哥换完零钱回来到处找你,结果被突然冲出来的马车撞伤了,但哥哥交代我,一定要把钱给您送来。"

绅士被男孩的诚信感动了。他说:"告诉我你的哥哥在哪里,我想去看看他。"绅士来到了男孩穷困潦倒的家,看到为了还自己钱而受伤的男孩,躺在破旧的床上,无人照顾。

男孩一看到绅士,连忙说:"对不起先生,我没有及时把您的钱还给您,是我对您失信了。"绅士被男孩的真诚打动,在得知他们是孤儿之后,毅然决定收养他们。

金钱对每个人来说都很重要,但是诚信比金钱更加重要。故事中的小男孩虽然贫穷,但是却坚持诚信待人,所以才能感动那位绅士。在现实工作中,很多人都只看到金钱的利益,却忽略了诚信的重要性,其实,老板对你的赏识,不仅仅只看你工作的效率,也看你待人处事的品行。如果一个人拥有令人叹服的能力,却只专注金钱,而不以诚待人,那么无论是老板,还是同事,都会对这个人敬而远之。

为人处世切不可只讲金钱利益,不可心怀叵测,要做到,己所不欲勿施于人,这才是君子该有的品质——若说起君子之德,诚信为第一。如果一个人没有诚信,那么也不会吸引别人主动交往。做生意讲求诚信至上,信誉至上,老板聘请员工,也自然希望员工能以企业的诚信为本,重视企业的形象,为企业带来更大的收益。

正所谓诚信如金,人与人之间的相处也是"精诚所至,金石为开",意思是只有用真诚和诚实打动别人,别人的心才会为你打开。没有诚信,朋友交恶;没有诚信,工作难有起色;没有诚信,家庭难以和睦。总之,人与人想要建立和谐的关系,第一要诀就是要讲诚信,弄虚作假,只是一时的交易,只会弄巧成拙。与人交往,不能为了金钱而抛弃诚信,只有以诚待人,才能获得友谊,否则,你的人生注定会以失败告终。

无论你是做生意还是打工都是为了能够赚更多的钱,但如果没有诚信,不讲信誉,那么或许你能赚到一时的钱,但却不能长久地与人共事,因为没有人会傻到和一个没有诚信的人一直合作下去。如果你讲诚信,讲信誉,总是笑脸相迎,不弄虚作假,不趋炎附势,让客户高兴而来,满意而归,生意好了,同行自然对你刮目相看。诚信如生命,做人如此,人际交往中更是如此,可以说,"诚信"二字对任何人来说,都是可贵的,以诚信为本,以诚待人,是一个人立足于社会的根本。

5. 诚信是一种无形的资本

古往今来,智慧之人往往很重视"信"这个字。"人无信而不立",为人处世讲诚信是构建和谐人际关系的基本原则。对于社会而言,诚信不仅仅是一个人的道德品质,也是一种无形的资本。在竞争激烈的职场中,很少有哪一个项目是单枪匹马完成的,可以说,每一个项目都离不开团队的协作,一个人完成自己分内的工作任务,仅仅只是完成了全部项目的一部分,大部分时候,都是所有人完成了工作,这个项目才是真的完成了。这就需要员工与员工之间建立和谐的人际关系,而想要与别人成为朋友,"诚信"二字是必不可少的连接因素。

2005 年,福建才子集团董事长蔡宗美被评为"新时期的全国劳模",成为新中国有史以来首批获此荣誉的民营企业家之一。

蔡宗美一开始是卖纽扣的,一枚纽扣的利润很小,后来又转入服装行业，在这个行业勤勤恳恳做了 20 年，才成为了如今全国的名牌产品。这与他努力打造诚信品牌是分不开的，如今“才子新品牌体系”已经成了中国 500 最具价值的产品，并且成为了服装行业的样板。

1998 年，蔡宗美创建了莆田衬衫厂，在服装工艺上，蔡宗美走了不少弯路，为了做出一件标准的服装，他对“才子衬衫”工艺进行多次实验，做了许多“破坏性的实验”，甚至一件衬衫要经过 20 多个检测环节，才能成为合格产品。如此严格的生产流程，保障了产品的质量，这也是“才子衬衫”最终获得国家认证的主要原因。

质量可以经过严格的把关来打造，那么怎么把产品打入市场呢？对此，蔡宗美视信誉和诚信为企业的生命。从劳模到人大代表，蔡宗美对诚信有自己的理解和认识，他说：“我觉得企业的诚信可以表现在三个方面：对社会诚信，对客户诚信，对员工诚信。”在蔡宗美看来，客户是企业在市场立足的手臂，而员工则是企业的心灵和肉体，两者是紧密相连的，在这种思想的引导下，他推行了民营企业的“退休养老制度”。

蔡宗美把诚信放在了第一位，他不仅将这个品德向外拓展，还向内部延伸，他对员工说：“我也是从一个平凡的工作者走到现在的岗位的，诚信是我一直没有舍弃的东西，我希望才子的员工也都能一直带着它。”面对今天的成功，蔡宗美认为，是勤奋、诚信、创新成就了“才子”，也成就了他，更是 3000 名才子员工的诚信、勤勉，成就了整个“才子”。

俗话说“人无信则不立，业无信则不兴”，无论做人还是经商，诚信都是你手中无形的资产，是你获得成功并得以长足发展的重要保证。想学会做事，先要学会做人。孔子曾说：“人而无信，不知其可也。”从古至今，诚实守信的品质是为人处世时，最受人重视的品质。与人相交，别人往往看中的是你的品质，而放在你自己身上，也是同样的，有诚信的人，你会和他成为莫逆之交,言而无信的人,则只会成为泛泛之交。

人与人之间的信任是相互的,所以和诚信的人交往通常也能让你获益良多。以诚待人,建立和谐关系,迎来满堂高朋。而心口不一,则门庭冷落。即使你身处一个普通的岗位,你所在的企业也是以诚信的重要性为基本原则。如果你身为企业的一员,信用缺失,定会使得整个团队风雨飘摇,最终难逃覆灭的命运。因此,聪明的老板,看中的是员工的内在品质,需要那些不会为了一时之利而弃长远利益于不顾的人。

无论是白领员工,还是蓝领员工,想要在岗位上立足,就要先把企业的诚信原则放在心中,这样才能和企业一起成长——诚信维护的是企业的口碑,但从长远的角度来看,则是你从中获得更多客户、同事青睐的捷径。

由此可见,“诚信资本”对于长远的人际关系的发展,有着十分重要的作用。可以说,如果诚信是成功者的通行证,那么失败者的墓志铭就是失信。诚信属于道德范畴,但也是一种无形的资产,长期的积累,可以帮助你提高个人的品质,有助于和谐的人际关系的建立。

第六章

懂得宽容：宽容是构建和谐人际关系的“灵丹妙药”

1.

构建和谐的人际关系需要一颗宽容的心

宽容是一种良好的品质，更是一种崇高的人生境界，构造和谐的人际关系，宽容是不可或缺的。要知道，人与人之间的相处，需要宽以待人。当然，对别人的宽容就是对自己的宽容。然而，在现实生活中，宽容伤害过自己的人从来都不是一件容易的事情。

与其他“全国劳模”相比，李远燕头顶上的光环似乎显得非常平凡，至今，她还只是一个农民工，即使升职之后，也不过是一条街的清洁领班。

每天凌晨4点，天刚蒙蒙亮，李远燕就骑上电动自行车向工作了12年的五一西路进发。她通常走得很慢，因为天还太暗，虽然有路灯照亮，但一向小心的她不敢提速，安全驾驶是她的原则。4点25分，李远燕从第一个工作地点开始，6点20分天刚放亮，路上逐渐出现上班的人，李远燕才收拾好清扫街道的工具，转向另一个工作地点。

8点，太阳已经高高挂起，路上已经逐渐热闹，人们行色匆匆，没有人停下来去探究这干净的马路是谁打扫的。对此，李远燕说：“我不在乎别人知道不知道，只要路面干净了就行。”此时将近9点，李远燕已经完成了街道的第一遍清洁工作，垃圾车已经堆得老高，她看看手腕上的劣质手表，准备抽空和工友们一起吃早饭。

其实,在李远燕30岁之前,并没有想过做一名环卫工人。当初在选择这份工作的时候,遭到了亲朋好友的一致反对,李远燕说:“他们骨子里就瞧不起‘扫地’的,而且我家境并不贫穷。”

1967年1月,李远燕出生在南宁的一个农村家庭,家境殷实。1990年,23岁的李远燕踏入了婚姻的殿堂,婚后的生活有滋有味,她和丈夫生了一对儿女。丈夫是工地上的小工头,平常李远燕主要在家带孩子。在外人眼里,李远燕的生活可以用幸福美满来形容。然而,令人意想不到的是,在1998年6月,已经31岁的李远燕不顾亲朋好友的反对,毅然选择了一份很多人都瞧不上的职业——环卫工人,而且一干就是12年。至于当时为何做这一决定,李远燕觉得“没什么好说的,做出来给别人看就好”。

李远燕坦言,在大部分人蔑视的眼光下,受些委屈是难免的。一次,李远燕接到任务,负责一处城乡结合部的路段清洁,但附近的居民环保意识十分淡薄,随手丢垃圾的情况十分常见。很多时候,李远燕推着垃圾车,刚扫完前面去扫后面,前面就被人扔上了垃圾。李远燕看到一个衣着光鲜的女士把垃圾丢在地上,而她的左手旁一米远的地方就是垃圾箱,李远燕好言相劝,对方却道:“没有我们扔点儿垃圾,你们这些环卫工人还干什么?”对此,李远燕虽然心里觉得委屈,但又立刻原谅了她,认为现代人压力大,偶尔说些什么,也只是一时之气。

2005年,李远燕成为了南宁市江南区的卫生管理清洁班长。2009年,李远燕被评为“南宁市劳模”。或许和其他“全国劳模”相比,李远燕显得很朴素。平凡的她引不起他人的注意,即使她现在仍然是一个农民工,但她那颗宽容的心却璀璨如同星辰。李远燕说:“选择一份工作,就要热爱它,做好它,宽容待人,就是宽容待己。”

2010年,李远燕被评为“全国劳动模范”。

人们在人际交往过程中，被误解、被排挤、受委屈、吃亏的事情是时常发生的，面对这些，聪明的人选择宽容。李远燕的事迹在日常生活或工作中再平常不过，但她却用自己的平凡演绎了一段不平凡的事迹。这是因为她拥有一种良好的心理品质——宽容。宽容是一种气度，在人际交往中，人们都会有意识地选择交往对象，对方如果是一个没有气度的人，那么他就很难让人喜欢，更别说受到老板和同事的欢迎了。

宽容是一种充满仁爱的光芒，更是一种生存于社会中的智慧，它不仅仅包含了原谅和理解，也彰显了个人的气度和胸怀。一个懂得宽容他人的人，不会去苛求别人，心理往往是平静的，遇事镇静、豁达，而那些总是苛求他人的人，往往心理处于紧张的状态。如果宽容是一服良药，能融洽人与人之间的关系，那么仇恨就是一把双刃剑，嫉妒和报复别人，受伤的人中必定有自己，所以，宽容之心尤为珍贵。

宽容是品德中最灿烂的花朵，是人性最高尚的情操，能够宽容他人，胸襟必定像大海一样辽阔。正所谓“尺有所短，寸有所长”，世界上没有两片相同的树叶，也不存在两个完全相同的人。每个人的性格、爱好、特长、背景都各有不同，因此，在建立和谐的人际关系时，不能强求一致。那些心中装着宽容的人，心中不会怀有嫉恨，即使偶尔心中有不快，也能很快放下，让自己心灵获得解脱。在日常生活中，我们与人相处，难免会产生摩擦和误会，甚至是仇怨，这时请别忘了“嫉恨能挑起事端，而宽容则能征服一切”——宽容是温暖明亮的阳光，它可以消除人与人之间的陌生感，让人与人之间的关系变得和谐。

2. 宽容大度，方能和谐圆满

随着现在社会生活节奏的日益加快，人们的思想也发生着变化，在不断变化的社会中，人们的心态难免会变得浮躁，这就需要我们让自己保持一种平和的心态。当然，在人际关系复杂的今天，“心宽路广”的道理越来越被人们认可，人们需要宽容大度，谦让有礼。宽容并不是完全跟着别人的思想走，而是保持平和的心态，客观、公平地对待身边的每一个人，懂得时刻检验自己，并根据实际情况，不断地调整以及提升自己，才会让自己越来越有信心，人格魅力也会越来越大，这样不仅不会引起他人的不快，还能让别人对你的人品有信心。

当今社会，和谐共存是人际关系永恒的主题，可以说，宽容是和谐的人际关系的桥梁，是甘美的春雨，它能滋润人们心中的饥渴，让匮乏的人际关系变得生机勃勃。宽容是品德中最美丽的花朵，它能抚慰人们心中的不平，使人际关系变得融洽。丢掉嫉恨，用一颗宽容的心包容他人，才能收获友谊之花。虽然人生的战场有赢也有输，但真正的智者是不会进行无休无止的战斗的，因为无谓的斗争伤害的只会是自己。智者明白，宽容大度，方能圆满，懂得了这一点才能体会到人与人相处的快乐。

一个小和尚奉师父之命到山下化缘，他拿着金钵走在山下的小集市上。这时，一个男人走到小和尚跟前问：“小师父，我能问一个问题吗？你知道一年有几季吗？”

小和尚原本以为男人会问什么高深的问题，没想到是一个这样简单的问题，于是张口便回答道：“那还用说，当然是四季了。”

没想到对方一口否决:"不对,一年只有三季!"

小和尚不悦地说:"你问任何一个人,都会告诉你有四季,这是基本常识。"

男人固执地坚持说:"三季:早季、中季、晚季。一季四个月!"

两人争论了半天,谁也不愿意让步,后来,男人提议道:"我看你这小和尚年纪太小,我们还是找个资历深的来评判吧。就找你师父,如果他同意你的说法,那我就认输,并给你赔礼道歉,磕头谢罪;但如果他同意我的想法,那你就要认输,还要向我磕头赔礼。如何?"

小和尚自信地说:"好!"

于是,小和尚和这位男子来到了寺庙。男人当着老和尚的面,说明了两人争论的原委,并问老和尚同意谁的观点。老和尚微笑着对男人说:"你是对的。"小和尚一听,惊得目瞪口呆。

老和尚对小和尚说:"给这位施主磕头吧。"小和尚虽然心中不满,但是两人早已事先说好,所以不得不给对方磕头。男人得意地离开了寺庙,待他走后,小和尚疑惑地对老和尚说:"师父,明明一年是四季,为什么你却睁着眼睛说瞎话?"

老和尚说:"这个问题看似简单,实则十分复杂,你看那位施主的样子,如果说是四季,他会离开寺庙下山吗?"

小和尚听了,默默地走开了,他突然明白,师父是对的,和别人争论这些本就不值得争论的问题,即使是自己赢了,从某种意义上来讲也是一种输,只有宽容大度,方能圆满。小和尚心想:"看来我还是回去跟着师父修行吧。"

古语有云,"有容乃大",就是说,宽容大度方能和谐圆满。故事中的小和尚正是明白了这个道理,才决定回去继续修行。反观人类历史上,那些古时的圣贤,有哪个不是视"宽容"为难得的品德的?

德由心生,宽容别人就需要有一颗宽容的心。那么,如何培养宽容心呢？简单地说，宽容的心，就是接受别人原本的样子，一个具有宽容心的人，总是会看到事物好的一面，忽略事物不好的一面。在人际交往中，宽容的人在看别人时，总是会先看到这个人的优点，对别人的评价也都是正面、积极的。

宽容是一种境界。在日常生活中，人与人之间难免会发生矛盾和争执，宽容心常常能发挥巨大的作用，让人们的矛盾化解。所以，对于宽容，我们应该有一个充分的认识，这样才能将它的作用发挥到极致。了解宽容心的内涵，并去发挥这种内涵，是人际交往的一项技能。当然，宽容心的修炼并非一朝一夕的事情，首先我们要明白，宽容并不是懦弱，而是一种豁达的智慧，是人们构建和谐的人际关系，立足于社会以及融入集体的策略。

然而，在现实生活中，时常会出现一些完美主义者，他们总是期望别人不犯错，希望别人以一种完美的形式呈现在自己眼前，因此，只要别人不按照自己的思想做事，他们就会认为对方破坏了完美形象，就会否定这个人的成就。因为现实和理想的差距太大，他们会对别人失望、生气，然后开始猜忌、妒恨对方，甚至想要报复对方。

要知道，古人有成人之美，这本身就是一种宽容大度的表现，一个人若是胸襟宽广，便会让人与人之间的关系和谐。而一个人若是纠缠于无谓的争斗和对别人的“完美主义”之中，不仅有失风度，还会破坏自己的心情。在人际交往过程中，只有心平气和、宽容大度，方能圆满。所以，做人要有海纳百川的胸襟，面对世间的是是非非，学会放下，做一个在任何情况下都能微笑的人，这样你就会发现，和谐是一种幸福。

3.

心胸宽阔，摘掉嫉妒的毒瘤

如今社会竞争激烈，每个人都带着攀比心，因此，身在职场的人，总是会被忌妒心所困扰。其实，妒忌心是源于自己常拿别人和自己作比较，在比较的时候，我们常常会发现自己的才能、名誉、地位以及处境等都没有别人好，产生一种"为什么别人这么幸运"的情绪，这种情绪大多由羞愧、愤怒以及怨恨组成。每个人在面对人生的时候都会出现这样的情绪，它会让人们相互仇视，既阻碍了和谐人际的创建，也不利于自身品德的提升。

刘华是一家药店的驻店药师，他在药店工作了多年，如果按照资历论辈分，刘华算是店里的重量级员工，光是他亲手带出来的徒弟都能组建一个公司了。他在店里一直表现得与世无争，对工作兢兢业业，对领导尊敬有加，因此刘华受到店里所有人的尊敬。

但是，刘华这样的好心态被一个叫张景岳的学徒给打破了。张景岳是一名刚刚毕业的大学生，学习的是企业管理专业，他来到刘华所在的公司之后被安排到刘华所在的药店实习。总经理当时带着张景岳来到刘华的办公室，对刘华说："小张就交给你了。这小伙子很聪明，悟性很好，又有上进心，你要好好教他！"而刘华秉承以前对待新人的热情，也拍着胸脯跟领导保证一定好好教张景岳。

张景岳果然是个人才。自从被分给刘华之后，小张就尊称刘华为"刘老师"，在工作中，小张认真负责，勤学好问，有什么不明白的事总是主动请教别人。面对这样聪慧的徒弟,刘华自然把自己所知道的毫无保留地教给了他。师父用心教,徒弟用心学,这样张景岳工作能力突飞猛进。一年后,张景岳就被提拔为经理助理,不久之后,他又当上了药店的副经理。

就这样,张景岳成了刘华的上司,虽然升职后的小张依然很尊敬刘华,在工作中也是虚心请教,但是刘华的心理还是觉得很不舒服。渐渐地,刘华对张景岳这个青出于蓝而胜于蓝的徒弟心生忌妒,张景岳再向他请教问题的时候刘华也不愿意再给他解惑。刘华在忌妒心中痛苦挣扎,渐渐懈怠了工作,最终在沉重的心理负担下离开了他工作多年的岗位,而张景岳也被有些人斥责忘恩负义,影响了张景岳作为领导的威望。

案例中,刘华本是一个与世无争的人,却遭到忌妒心的荼毒,最终落得离职的下场。而这样的结果他不能责怪别人,原因就在于他的心胸狭窄。如果当时他能正确对待张景岳的后来居上,就不会有这样的结果。妒忌是一颗毒瘤,应该尽早去除,让生活中多一些智慧,少一些妒忌,别让妒忌心扭曲了你的心灵,荒废了原本美丽的人生。

我们要不断调整自己的心态,让自己的心胸变得开阔,成功才会离我们越来越近。

要想调整自己的心态,首先,要对这种忌妒心产生警惕。忌妒心常常会让人们做出失常的行为,嫉妒者会千方百计地把人生的历程掐短,以为这样就能尽快获得成功,受到他人的尊重,但往往会适得其反。而真正的勇者则会努力让自己的人生走得更远、更长久。所以说,我们要清醒地认识到忌妒心可能会对自己、对同事以及对公司产生不利影响。其次,进行自我心理疏导,也就是要你做到心胸宽阔。既然忌妒是人们无法避免的心理活动,那么心胸宽阔就显得尤为重要了。

从心理角度上来看,妒忌本身就是一种不健康的心理,是一种人格的缺失,也是一种无能的表现。妒忌就好像一团小小的火焰,如果你任由它无声无息地燃烧,那么时日一久,就会燃烧成熊熊烈火,到时不仅会灼伤别人，还会引火自焚。妒忌心会使你丢失友情，让朋友变成敌人，妒忌心会使你的心灵疲惫，会控制你的情绪，会让你心胸狭隘，会在你贫瘠的人际关系上雪上加霜。而宽容则不同，宽容心就像一只灭火器，能在嫉妒之火燃烧起来的时候及时将火焰熄灭。宽容心会让你赢得友谊，会让你事业一帆风顺，会让你心情愉悦，会让你感受到生活和工作的甜蜜。

当然，妒忌心人皆有之，但要掌握一个“度”，适度的妒忌可以认清自己和别人的差距。从某些方面上来看，妒忌心也是激励人们奋进的情感，如果看到别人身上有自己不具备的优点，也可以作为鞭策自己努力的一种力量，但过度的妒忌则会招来仇恨，让你的心受到煎熬。反观那些成功的人，没有人是因妒忌而改变命运的，也没有人是因为妒忌而让自己获得他人尊重的，能让他人尊重你，理解你，并支持你的，从来都只是宽容心。

4.

真正的宽容是从内心接纳对方

什么是真正的宽容？对于这个问题，很多人都有自己的见解，但事实上宽容的含义并不是只流于表面，真正的宽容源自人的内心。宽容是指以平和的心态接纳他人，原谅他人的不足与过失，这样才能创造和谐的工作氛围。有句话说得好，“得饶人处且饶人”。宽容是一种境界，也是一种美德。在与人相处时，不要对别人过于苛刻，尊重别人的处事方式，从内心接纳对方，矛盾自然就消失了。

蓝天之所以美丽，在于它能容纳白云；大地之所以美丽，在于能容纳万物，而人之美，无关外貌，而在其内，真正的美并不是有沉鱼落雁之姿，而是拥有一颗善良宽容的心。人生之路充满未知，也许在某个地方会遇到一丛荆棘，把你伤得体无完肤，而这时候衣衫褴褛的你是否能继续向前，就看你是不是有一颗宽容之心。

于婷毕业后进了一家药店做销售，因为她工作认真，勤奋好学，因此自从来到药店，销售业绩一直名列前茅。按理说，这样的员工领导应该很重视，并着力提拔才对，但于婷却没有享受到这样的待遇，主要原因就是于婷有个小毛病，她忌妒心太强，总是忌妒其他同事，不管是业绩还是人际关系，就连别人的身高、外貌也要忌妒，导致同事都不太喜欢与于婷相处，领导基于此也没有大力提拔于婷。

不久前，店里新来了一位同事程芳，是一位活泼开朗的姑娘，起初与于婷相处很好，但是自从于婷知道程芳刚刚到岗的工资就比自己高之后，心里很是不服，她忌妒程芳，觉得自己受到了不公平待遇，她想：凭什么程芳刚刚才来就比自己工资高？带着这种忌妒的情绪，于婷在工作中处处与程芳作对，时常对程芳冷嘲热讽。这样的行为让店里其他员工对于婷更是敬而远之。渐渐地，于婷被孤立起来，她有什么困难也没有人愿意帮忙，于婷开始觉得这份工作不是自己想要的，渐渐怠慢自己的工作，业绩自然就下滑了。

店长慢慢察觉到于婷的处境，经过分析找出了造成于婷这种处境的根本原因：忌妒心。店长马上找于婷沟通，告诉于婷：“之所以你的人缘不好，是因为你的忌妒心太强了。虽然忌妒心是人们不可避免的情绪，但是如果想要一个温馨的工作环境，你就必须要控制好自己的忌妒心。”店长通过与于婷的谈话，了解了于婷对于程芳薪资的不满。于是店长耐心地给于婷解释，原来，程芳是领导高薪聘请来的，在之前的药店中，程芳已经工作了很多年，还是原来药店的销售冠军。

听到这些，于婷茅塞顿开，开始转变自己的观念，有意识地把忌妒心转为动力。心态好了，自然对程芳的态度也就变了，两个人从敌人变成了朋友，经常一起交流工作经验。除了程芳之外，对于其他比自己能力强的同事也是虚心请教，以礼相待，最终赢得了同事的尊重和好感，成为店里的骨干。

从于婷的事例中不难看出，宽容与接纳别人的重要性。只有在内心真正地承认对方，接纳对方，才能宽容地对待对方。其实，在职场中，忌妒心是一种弱者心理，是一种心理负担，这种负担人皆有之，你无法控制自己不去忌妒别人，但却可以引导自己摒弃这种心理。而从于婷的例子中我们能看出，想要做到真正的宽容，一定要从内心接受对方。要想做到这点，我们可以按照以下方法来做：

第一，正视对方的优点。俗话说"尺有所短，寸有所长"，每个人都有优点和缺点，你之所以忌妒别人，是因为看到了对方的优点，但是不敢正视。在看到对手的优点时，很多人的反应是怨天尤人，怨恨对手。但是这些都是徒劳的，你的忌妒心不会掩盖对方的优点，对方该发光的还是在发光。就像一句谚语所说："就算你忌妒太阳，可她还是每天都按时升起，每天都发光。"

因此，在这时候，人们要做的是调整自己的心态，正所谓"临渊羡鱼，不如退而结网"，你要在发现对方的优点之后，压制自己的忌妒心，承认对方的优点，分析自己与对方的差距，想办法提高自己的能力，让自己变得优秀。

第二步，取其精华去其糟粕。就是把你忌妒的人作为你的榜样，学习他的优点，但是要记得取其精华去其糟粕，扬长避短。俗话说，强中自有强中手，要想自己能不断提高，不能总是表现自己，排除异己，不接受别人。面对比自己能力强的人，要虚心接纳，容忍他人是人们进步的必要条件。

人们因为生活环境不同，因此在性格、爱好、习惯等方面会有很大的不同，对待事情的态度也不会相同。所以我们不能用要求自己的标准来衡量别人的做法。我们要承认别人与自己的区别，接纳别人，包容自己与别人的差异。一个不懂宽容的人总是对别人很苛刻，把自己的思想强加到别人身上,得理不饶人,这不仅给别人很大的心理压力,也会让自己处于愤怒与紧张的状态中,从而影响自己的工作与生活。

一个曾濒临死亡的人曾经说过:"在接近死亡的时候,自己一生做过的所有事情,对别人所有的影响,都会一一呈现在眼前,在那一刻,我突然明了,我伤害过的所有人都是我自己,我给予爱的人也是我自己。"同样,我们宽容过的人都只有我们自己。

从某种角度说,宽容别人和宽容自己本来就是一回事。宽容可以让自己从糟糕的情绪中解脱出来。比如当你愤怒地骂人时,你不仅成了为别人制造糟糕情绪的人,同时自己也处在自己制造的糟糕情绪中。当你宽容的时候,坏情绪便不再主宰你,你不被情绪所困,才能从内心接纳对方,这才是宽容的真正含义。

5. 感悟宽容:学会淡然地与他人相处

做一个心胸豁达之人,相信是每一个人对自己的期望,而拥有豁达心胸的人,一定会站得高,看得远,不被眼前的利益蒙蔽;相反,一个心胸狭隘的人,总是与他人斤斤计较,到头来只会让那些没有任何意义的鸡毛蒜皮的小事搅扰得一事无成。

事实证明,世上只要有人的地方就会有纷争,有"你""我""他"的利益在被分配中引起的种种质疑,于是,很多人陷入忌妒的不良情绪中,甚至为此闹到好友反目,而有的人却因宽容而广结善缘,把陌生人都变成了朋友。

这就是为什么生活中很多人人际关系非常好,走到哪里都会赢得大家尊重的原因。其实,这里就有一个做人的道理,当然,做人可以有表面功夫,虚伪逢迎,以巧言获得他人一时的好感,这样并不是真正的为人之道,如果真的想结交朋友,更需要有一颗平和、淡然的心,能包容他人过错的胸怀。古语说的"君子应宽以待人"讲的就是这个道理。就是要求在对待他人的时候,不要有过高的要求,对他人的过错与不足要尽量以宽容的态度来对待,这样才能交到更多的朋友,有利于自己的生活以及事业的发展。

朱静是一个老实本分的菜农,她走出农村来到了城市。没有一技之长的朱静选择在一个市场租店面,还做自己的老本行:卖菜。因为朱静的蔬菜新鲜,服务态度好,她家的店生意一直特别好。这让其他摊主很不满意,渐渐产生了忌妒心理。再没有人组织的情况下,大家在收拾自家摊位的时候,经常有意无意地把垃圾都扫到朱静家的店门口。对此,朱静只是宽容地笑笑,从来没有跟其他摊主计较过。反而还担心这些垃圾挡住道路,总是把大家扫过来的垃圾堆到自己店中的角落里。除此之外,很多摊主还用降价的方法跟朱静抢生意。对于其他摊主的百般刁难,朱静从来都没有生过气,反而对谁都是笑脸相迎。

大家对于朱静这样的行为很是不解,因此让在朱静旁边卖菜的秦末观察朱静,观察了一段时间之后,秦末终于忍不住问她:"大家都把垃圾扫到你这里,你怎么不生气,还把垃圾都清理了?"朱静笑着说:"在过年的时候,我们都会把垃圾往家里扫,垃圾越多,就表示今年会赚越多的钱。现在每天都有人给我送这么多钱,我为什么要生气呢?再说你看我现在的生意不是很好吗?难道不是托了这些人的福?"

"那他们恶意降价,抢你的生意你也不生气吗?"秦末继续问。

"做生意本来就是有竞争的,再说顾客要买谁家的东西,是顾客自己的选择,我有什么好生气的?"朱静笑笑,淡然地回答。

随后,秦末把朱静的话告诉了其他摊主,大家都被朱静的想法折服。从此,朱静店门口的垃圾越来越少,不到一星期,就再也没有人把自己家的垃圾堆到朱静家店门口了。那些总是与朱静针锋相对的人在面对朱静的时候也都和善了不少。受到朱静思想的影响,渐渐地各个摊主和谐相处,再也不为了鸡毛蒜皮的小事吵架了,还学会了相互帮助。如果顾客要买的东西没货了,摊主都会介绍客户到其他家去买。

朱静用宽容之心化解了人们对她的忌妒。她的宽容不仅包容了别人,还为自己赢得了尊敬。试想一下,如果朱静不是采取这种方式对待忌妒她的人,而是选择针锋相对,会出现什么样的结果呢?可想而知,肯定不会是现在这样圆满的结局。这个例子告诉我们,人和人相处应该有宽容的美德。宽容不是害怕,不是软弱,它是一种豁达,一种度量,不仅利人也利己。

在现在这个社会,经常会听到有人抱怨与别人相处很累,这主要是因为在现在社会中,正直与善良逐渐被狡猾与虚伪取代,在人际交往中,人们无论是说话还是做事都小心翼翼的,唯恐被一些小人抓到“小辫子”,形成难以挽回的后果。换言之,如果每个人都能学会宽容,那么在人与人相处中就不会有这么多的矛盾与争吵,人们相处起来就会轻松得多。

事实证明,宽容无论是在工作中还是生活中,都有利于自己与别人相处。生活中,我们随处可见,宽容的人总是会受到人们的尊敬,也因为这样,他们更容易与人形成良好的关系,并能很快适应新环境,所以他的事业往往都是顺风顺水的。“金无足赤,人无完人”,谁都有缺点,谁都有做错事的时候。学会宽容,等于给别人一次机会,也会给自己带来一个好心情。用宽容的心态与别人交往,其实是为自己营造了一份好心情,多一次宽容就多一份快乐。用宽容的心在平淡的生活中生活,丢掉名利与是非,舍弃烦恼与痛苦,然后不断地拼搏,才能快乐轻松地去工作、生活。

世界上最宽阔的是海洋,比海洋更宽阔的是天空,而比天空更宽阔的是人的胸怀。人只有有了比天空还要宽阔的胸怀,才能做到淡然面对事物,才能活得快乐。一个人如果能把加诸在自己身上的委屈和不公看得淡一些,那么,生活会少许多的烦恼,一个不计较的人一定不容易被打败,一个懂得宽恕别人之过的人也一定会活得很快乐。

6. 以德报怨是宽容的最高境界

在人际交往中,我们都要遇到形形色色的人,而每个人的性格、爱好、习惯等都各不相同,对事物的看法和认识也都不同,所以矛盾争论也就在所难免。但我们不应该以自己的标准和处事习惯、经验去衡量他人的行为,要学会理解他人,并接纳、包容别人和自己的差别。当然,最重要的一点是,不要试图去改变别人,因为大多数想这样做的人,都会以失败告终,况且,在交往过程中,或许别人与你的想法有太多不同,但并不意味着别人的想法就是错误的,和谐相处之道,最主要的就是要保持一种平和的心态,想与对方建立期望的和谐关系,不妨理解一下对方,切记不可贬低别人,并且要控制好自己的情绪。

对于我们短暂而宝贵的生命而言,学习能让我们获得更多智慧,而工作可以更好地体现生命价值。但学习和工作的过程是漫长的,我们应该带着一份轻松的心情去完成,如果总是沉浸在一种悲观的心情下,那就等于是对生命的亵渎。当然,在日常生活或工作中,也会遇到一些反面人物对我们造成一些伤害,面对曾经伤害过你的人,你应该有勇气面对他,即使你不去原谅对方,也应该做到不计前嫌。要知道,以德报怨是和谐人际关系的最高境界。

一位伟人说:“你不把伤害你的人看作仇敌,他就可能成为你的朋友。”有一个故事就生动地告诉了我们什么是以德报怨。

有一个富翁，他膝下有三子。当到了颐养天年的年纪时，他决定把自己的财产留给其中一个儿子。可是，到底留给哪一个儿子好呢？为了找最合适的继承者，富翁想出了一个办法，他对三个儿子说：“我要你们用一年的时间去环游世界，你们谁做到了最高尚的事情，谁就可以继承我的全部财产。”

一年之后，富翁的三个儿子陆续回到家中，并都向父亲讲述了自己一年的游历经历。大儿子得意地说：“我在环游世界的时候，遇到了一个陌生人，他对我十分信任，并把一袋金币交给我保管，后来，那个人不幸去世了，但我并没有拿走他的金币，而是把金币还给了他的家人。”

二儿子说：“这算什么，我做的事情才高尚呢！我游历的时候，路过一个贫穷落后的村庄，在村头的河边看到一个小乞丐不小心掉进河里了，我奋不顾身地跳了下去，挽救了他的性命，还主动给他一笔钱，让他改善生活。”

当富翁问三儿子的游历经历的时候，三儿子犹豫地说：“我没有遇到哥哥们那样高尚的事情。”

富翁笑着说：“没有关系，说来听听吧。”

三儿子说道：“我在旅行途中，遇到一个强盗，他想偷走我的钱袋，但我一直保护得很好，他不甘心，一直尾随我上路，还千方百计地要害我，好几次我都差点儿被他杀死。可是，有一天，我在经过一处陡峭的山峰时，看到那个强盗躲在一棵小树下睡觉。当时，我只要抬抬脚，就能把他踢下悬崖，这样我也就不用天天提心吊胆了。可是，当我抬起脚时，我却犹豫了，后来我放下脚，准备走的时候起风了，我怕他掉下山崖，就又回去把他叫醒了。然后，我继续赶路……”

富翁听完三个儿子的叙述，点了点头说：“我的全部财产给老三。”

老大和老二听了，忍不住问："为什么！"

富翁笑着说："因为诚实、乐于助人都是一个人最基本的品质，但却称不上高尚。而以德报怨，去帮助想要谋害自己的人，这样的宽容之心才是最高尚的品质。"

在人际交往中，恩将仇报的事情，我们早已屡见不鲜，但以德报怨的人却很少见，只有胸襟宽广和豁达的人才是高尚的人。包容他人的过失，收获的是他人的感激之情，相反，如果一味地指责他人的过失，得到的则是他人的报复。其实，在日常生活中，我们有时会受到别人的伤害，无论对方是有意还是无意的，我们都不应该耿耿于怀，对于别人的错误，我们应该善意地指出，并帮助其改正，而不是指责、责难他们。对于别人的伤害，我们应该选择宽恕，可以预见的是，当你选择宽恕对方的伤害时，你会看到一个更加优秀的自己。

其实，现实工作中，很少有人能真正做到以德报怨，有的人也将那些以德报怨的人称为"太傻"，正因为如此，人与人之间才难以和谐相处。而我们不应该甘于做普通人，应该努力做一个让人佩服的人，因为一个人能容忍别人的伤害，已经是十分难得的事情，而能做到以德报怨，宽以待人，更是一种超凡能力的体现。如果伤害已经成为事实，避免自己继续痛苦的最佳方式，就是宽容那些曾伤害过你的人，虽然宽容别人并不是一件简单的事情，但正因为如此，才能使你的个人魅力大放异彩，也才能展示你人格不同于他人的魅力。

可以说，以德报怨本身就是一种能力，这种能力能防止低落的情绪继续扩散。如果我们没有这种能力，那么我们的心理就将会承受仇恨、愤怒甚至是报复带来的伤害，这样只会继续延续痛苦，使我们的心灵和生活蒙上阴影。反之，如果我们选择宽容他人、以德报怨，那就意味着选择不再用他人的错误惩罚自己，就会让自己获得心灵的解脱。

7. 宽容往往会让结果变得更好

俗话说:“忍一时风平浪静,退一步海阔天空。”由此可见,宽容会让生活变得更美好。在与人出现争端时,如果能用宽容的心去包容对方,一定能“大事化小,小事化了”。学会了宽容,你会发现世界很美好,人与人之间的相处也会很愉快。

人非圣贤,孰能无过?面对对方的错误,如果你能做到得饶人处且饶人,对方可能会因此内疚或者心存感激,但是如果是互不相让,双方都会陷入艰难境地,都会过得不快乐。与其这样,不如宽容待人。

在中国经济萧条时期,各个企业都不景气,失业率变得很高。很不幸的,身担养家重任的陈琦变成了无数失业大军中的一员。为了养家,她在失业后努力寻找工作,但是当时的企业员工都接近饱和,尽管她很努力,但是依然没有在近期内找到合适的工作。她只能边打零工边找工作。皇天不负有心人,在寻找与等待了一年多后,她通过了一家高级珠宝店的面试,成功的找到了一份薪水不错的工作。

有一天,一向冷清的店里迎来了一位30岁左右的男顾客。这位顾客衣着很得体,看上去很有气质,应该是一位知识分子。但陈琦在他的眼神中看到了失意,这与她失业时候的眼神很像,凭着女人敏感的直觉,陈琦认为,他可能现在正处于困境中。还没来得及招待这位顾客,店里的电话突然响了。因为陈琦离电话最近,因此她赶忙去接电话,但因为焦急,陈琦不小心把柜台上装有高档耳钉的盘子打翻了。这个盘中有5枚做工精致、质地上乘的耳钉，单单拿出一个，都价值不菲。而此时这5枚耳钉无一幸免地都掉在了地上。这是件大事，如果丢了一个，陈琦不仅要付出全部家当赔偿，还会丢掉自己好不容易找到的工作。因此陈琦顾不得电话，慌忙去捡这些耳钉，但是她只捡回来4枚，最后那一个怎么也找不到。这时候陈琦看到那名男顾客正在快步走向门口，陈琦便猜到了最后一枚耳钉的所在。

“先生，请等一下。”陈琦叫住了即将出门的男子。男顾客愣了一下，但还是缓慢地转过身来。这时候陈琦的心很乱，她心想：“他要是不承认怎么办？他会不会逃跑？他要是逃跑我怎么办？……”

男子见陈琦一直不说话，便问道：“什么事？”陈琦平复了一下自己的心情，语气轻柔但是坚定地说：“先生，我找到一份工作不容易，如果失去了这份工作你知道对我是何种意义。我希望我的运气不会那么差，同时也祝您好运。”男顾客听完有瞬间的错愕，随后露出一丝微笑，他走到陈琦面前，张开了自己的手，说：“谢谢你的祝福，我也祝你好运。”陈琦握住了那只手，悄悄地接过了第5枚耳钉。

一个处于困境的人在走投无路的情况下犯了一个错误，如果当时陈琦当着众人的面指出男子是个小偷，他偷了店里掉在地上的耳钉，结果会怎样呢？为了尊严，对方一定会极力否认，可能会逃走，还可能会做出伤害陈琦以及其他店员的事情。那么这就一发不可收拾了。最终的结果可能是陈琦通过警方或者旁人协助拿回了耳钉，但那名男子的前程肯定就毁了。也可能是男子拿着耳钉逃了出去，陈琦因为失职要承担店里的损失，还丢掉了刚刚找到的工作。

无论是以上哪一种结果，都不是人们希望看到的。所以，陈琦在经过思想斗争之后，选择宽容对方的错误，她没有报警，也没有呼救，而是选择为这位男子保留尊严，最终陈琦找回了丢掉的耳钉，保住了自己的得来不易的工作，而那名男子也保全了自己的尊严。其实，我们都看得分明，赢得圆满结局的最佳方法就是宽容。

当我们遇到伤害你的事情时,最好的应对方式就是宽容,如果一味地斤斤计较,最终受苦的人就会是你,宽容不仅是为了不毁掉自己,更是为了给犯错误的人一个改过自新的机会,不是有句话说“浪子回头金不换”吗?

生活中,我们遇到犯错误的人,无论对方是无心的还是有心的,都应善意地指出对方的错误,并帮助他改正。就像陈琦一样,善意地指出男子的错误,并帮助他改正,最终获得了双赢的结果。生活中就是这样,你以宽广的胸怀对待别人的过错,自然会有一日得到他人的尊重,一时的误会不必放在心中。想要生活美好,我们就要学会宽容,学会宽容,和平相处氛围就不难建立,也会让你赢得更多的朋友,得到别人的帮助。

人的一生不可能没有一点烦恼,但是人这一生也不全是烦恼。在遇到烦恼的时候,千万不要随意地放大烦恼,这样只能让烦恼蒙蔽自己的眼睛,看不到生活中的乐趣和美好。下一次,在遇到烦恼的时候,不妨多一点宽容,多一点体谅,试着放下这些原本就微不足道的烦恼。唯有如此,你才能够收获生活中意想不到的惊喜和快乐。

人的心灵若是堆满了灰尘,那么时间久了,我们的眼睛也就会被这层灰尘给蒙蔽了;如果我们的心灵一尘不染,那么我们的眼睛就会把这个世界看得分外透彻。有一颗宽容的心,让自己放下烦恼,多感受生活中的美好,这样我们的心灵才不会被灰尘蒙蔽。而所有的烦恼在这颗宽容的心面前,都不会再设任何的障碍。心境开阔,生活自然就会美好。

8.

宽容:给别人让路也是给自己让路

很多新进职场的人都喜欢追求个性,想要做真正的自己。在职场中,他们不掩饰自己的喜怒,高兴的时候就笑,伤心的时候就哭,有不顺心的事情就发脾气。别人对他好,他就对别人好,别人对他不好,他会更坏地对待别人。

这些做法说起来并没有什么不对,但是如果在职场你真的这么做了,不久之后你就会发现,自己的职场之路会越走越艰难。身在职场,我们需要的并不是要争一口气,而是要学会宽容。这并不是懦弱的表现,这是一种宽容。退一步海阔天空,宽容是一种高尚的品质,是一种超凡的心态。

宽容你的对手与敌人,这不是放纵错误,不是软弱,而是一种包容。被宽容的人受了你的恩惠,自然以后会回报你。这是一种心胸,也是一种策略,一种用委婉的方式化解矛盾与冲突的策略。这种策略显示出了你的理智与风度。相反,如果处理事情用与宽容相反的方式,事事争强好胜,会让你失去风度,失去在职场的声望。因此,在职场,宽容是真,是一种给别人让路,也给自己铺路的策略。

张丽刚刚跳槽到一家广告公司做部门经理,她工作能力很强,因此领导很重视她,张丽也一直尽心尽力地工作,但是人都有失误的时候,张丽在一次出差的时候,装有钱包、银行卡、钥匙以及公司印章的背包被盗了。

张丽清楚地知道公司印章的丢失对于一个公司来说意味着什么,这对张丽来说是重大的工作失误,她既内疚又担心,她害怕总经理因此大发雷霆,也害怕自己因此丢掉这份工作。但是出乎意料的是，当她向总经理说明事情经过的时候，总经理既没发火，也没惩罚她，就连责备都没有，这位总经理只是笑着说：“背包丢了吗？我再送一个好吗？自从你来到公司，工作一直很出色。公司早就想对你进行奖励了，但是一直没有机会，现在机会终于来了。”

面对总经理这样宽容的处理方式，张丽心怀感激，暗暗发誓要尽心地为公司出力。在这之后，无论其他企业用多么丰厚的薪资聘请她，她都没有动过离开这家公司的念头。

几年之后，公司走入低谷，因为一个重大客户的刻意刁难，公司信誉受到重大损失，多年以来维系的客户群逐渐消失，公司面临倒闭，很多员工为了自己的前程都跳槽到了其他公司，只有张丽一如既往地留在公司，尽心尽力地为公司安抚客户，澄清谣言。也多亏了张丽一直留在公司，从中周旋，终于找到了挽救公司的证据，这才让公司起死回生，避免了倒闭的凄惨下场。总经理十分庆幸自己没有因为张丽的过错责怪她，而留住了这位好帮手。

在职场上，我们会有很多类似的经历。仔细分析你就会发现，你的态度决定你和他人的关系，如果能忘掉过去那些不愉快的事情，宽容对方，那么你们的关系就会从敌人变成朋友。如果不能忘掉，你们的关系就只能走上报复、拆台、争斗的道路。这样一种相处方式除了给了你心理上一时的满足之外，还能给你什么呢？

换个角度看，忍一时风平浪静，退一步海阔天空。就像上面的例子一样，总经理的宽容并没有给他带来什么损失，而是得到了张丽这个人才的忠诚。这就是宽容别人得到的善果。宽容是人与人之间必需的润滑剂。宽容是一种沟通，如果我们在职场中遇到了不公平对待，或者是身边的人做错了什么事情，我们需要做的不是大发雷霆，而是应该学会宽容。生气是一种用别人的错误惩罚自己的行为，于人于己都没有好处。

所以，学会宽容吧。人非圣贤，孰能无过，在很多时候，我们都需要宽容，这不仅是给别人让路，也是在给自己铺路，铺一条成功之路。你宽容了对方，对方就会用十倍来回报你。朋友之间相互宽容一定能生死与共，福祸同享，夫妻之间相互宽容一定能白头相守。互相宽容的世界一定是和平而美丽的。

宽容是品德的精华，是品质的捷径，是智慧的标尺，是人与人之间的交流技巧，是一门艺术。和谐的人际关系是至高的境界，是对待人生、生活、工作的积极态度。但有的人对宽容的认知却是“一味地忍让”，这种想法是错误的，宽容并不是一味地忍让，也不是无条件地迁就，而是息事宁人。宽容是不计较，原谅他人的伤害，而宽容是需要勇气的，更是需要一种压低尊严的力量。尊严并不是逞强，一个有尊严，有智慧的人，是能屈能伸，懂得进退，可以说，懂得后退的人，才懂得保护尊严。

此外，在日常生活和工作中，我们时常会因为一些不同的意见与朋友争论不休，而当人们言语激烈时、行为失控地挥舞拳头时、因争吵而断交时，宽容，就是滋润人们狂躁情绪的那一抹甘泉。宽容带着友善和大度的胸襟，带着豁达和谅解的清凉，滋润我们的心田，让我们浮躁的内心得以挣脱尘埃，使敌人成为朋友，使我们感受到和谐的人际关系给人生带来的幸福和甜蜜。

第七章

合作共享：没有合作共享精神的员工永远都是职场上的“独行侠”

1. 学会合作共享，别让自己总是“不合群”

我们都知道，合作共享分为两个层面，一个是合作，另一个当然就是共享。达成“共享”需要人与人之间的合作，我们的个体资源毕竟有限，而我们所欠缺的资源很可能正是对方的优势资源，对方的劣势反而又可能是我们的优势。在这种情况下，相互之间的合作，就能够形成一个强有力的战略联盟，从而在市场竞争中获得个体所无法得到的巨大收益，最终实现合作共赢；共享的对象是各类资源，比如管理经验、生产材料、市场份额和商业信息等，实际上也是一种合作和互补，并且同样为了最终的共赢目的。

当然，合作共赢并非仅仅是资源匮乏企业的选择，对于一家国际巨头公司，同样需要整条商业链上各类企业之间的合作。比如我们所熟知的苹果公司，虽然是一家土生土长的美国企业，但是苹果产品的元器件生产商却已经遍布全球各地，并且最终要在我国进行成品的组装工作，然后面向全球发售。由此我们便可以看出，合作共享已经成为企业竞争不可避免的选择，而我们作为一名企业员工，自然也需要与人合作，共享相互之间的资源，才能完成个人的发展和集体的进步。

社会是由人组成的，社会活动永远都离不开人，因此我们在参与社会活动的时候，自然也就离不开和人打交道。认识到了这一点，我们就应该明白，与人沟通并且最终完成合作共享，是我们每个人所必须掌握的一门职场技艺。如果我们不幸成了职场中的“独行侠”，一定要意识到这是不正常的现象，是不利于我们职业发展的，必须及时认清并改正过来。而如果我们正处于和人积极有效的合作过程中，也要谨慎对待相关合作共享事宜，要做到用发展和持续的眼光看事情，切忌因为一时的疏忽而造成合作共享关系的裂痕，甚至合作双方产生矛盾。

当一个人或者一家企业发展到一定程度时，就会受到自身资源的限制，从而遇到发展瓶颈。这个时候，最好的选择就是寻找一个合作共享的朋友，从而打破发展瓶颈。不过，合作共享虽然是一个不错的构想，但是从实际角度来看，也必然会涉及一定的利益分割问题。如果我们不能将此处理清楚，势必将会引起一定的利益纷争，从而使合作产生矛盾，甚至发生激烈冲突。对此，我们必须对合作共享抱有足够清醒的认识，最好在行事之前制订周密的计划，并列出清晰的注意事项，具体内容可以参考以下几点：

(1)划清利益分割线。我们总是愿意和关系比较亲密的人合作，合作过程中的相关事宜也多是口头上的“君子协定”，而一旦牵扯到自己的切身利益，朋友之间的期待值又总是会出现不同程度的偏差。如此一来，就非常容易造成利益纠纷，结果不但难以达成合作共享，还可能让原本亲密的朋友反目成仇。所以，朋友之间的合作共享不是不可以，但是一定要“亲兄弟，明算账”，否则还不如选择与陌生人合作。

(2)先小人，后君子。好面子是大多数人都存在的一种性格缺陷，很多合作禁忌由于过于生硬和赤裸，合作双方往往会选择缄默，并且将希望寄托在对方身上，等到矛盾产生后又总是相互指责。对此，我们必须要时刻谨记，合作共享虽然能够使双方获益，但是也牵扯到太多的利益问题，如果不能将相关事宜落实到书面上，将来的利益划分必然出现问题。所以，不管有多难听，该说的话一句都不能少，所谓“丑话说在前面”，漂亮的事情才能做在后面。

(3)己所不欲，勿施于人。合作共享过程中，我们的行为总会在有意或无意涉及对方利益，很多时候我们也搞不清自己的做法能否被对方接受。而实际上，我们想要让合作对象满意的方法很简单，就是当我们想要做一件事的时候，想想如果对方也这样做，自己会不会不高兴。如果答案是否定的,我们最好还是打住为好,切不可因为一时的疏忽而造成对方的不满,毕竟对方也完全可以对我们做同样的事情,这样我们的合作共享也就不攻自破了。

(4)合作共享必须以相互信任为基础。所谓"用人不疑,疑人不用",如果我们对一个人心存怀疑,那就不要与其合作;如果我们选择了与对方合作,就要和对方坦诚相待,决不可欺诈隐瞒。不难想象,如果合作双方各怀鬼胎,那么不但难以达成合作共赢,很可能还会因为相互之间的"拆台",而使得双方的利益受损。

(5)吃亏要吃在明处。很多人能够为了朋友的利益而牺牲自身利益,但是碍于情面却不愿和对方明说,心中又总是记着这些"牺牲",久而久之,自然会觉得对方欠了自己的。其实,很多时候人们都是讲究礼尚往来的,但是如果我们在别人身上"吃了亏"却不说,难免会让对方毫无察觉。在这种情况下,对方势必不会做出我们心里预期的反应,长此以往,当然会出现各种矛盾。因此,我们可以"吃亏",却一定要将"亏""吃"在明处。

2. 摒弃私心,做一名会合作的好员工

私心是每个人都具有的性格成分,作为一个独立的个人,具有私心是一件无可厚非的事情。俗话说,"人不为己,天诛地灭",说的就是这个道理。但是如果我们想要融入社会生活,通过合作共享达到利益最大化,私心很可能就会成为一种障碍。尤其是当我们有意识地想要加入到集体中去的时候,收敛甚至摒弃私心,对我们来说就成为了一件刻不容缓的事情。

何况，即使从个人的修为角度来讲，私心也是绝对要不得的。因为一旦我们私心过重，遇事就会从个人利益出发，如此便很难客观地处理事情，到头来不仅做任何事难以成功，还会最终落得自私自利的恶名。相反，如果我们能够摒弃私心，则可以得到完全相反的另一种际遇。所谓“心底无私天地宽”，当我们能够摒弃私心，关注集体利益，客观公正地看待自己在生活和工作中遇到的人和事，自然就可以受到大家的普遍欢迎，从而得到广阔的发展空间，并且很容易就能获取预期的成功，得到自己预期的经济收益。

那么，我们又该如何摒弃自己的私心呢？首先，私心虽然是我们的天性之一，但是通过我们的努力，完全可以将其克服掉。即便如雷锋、彭登云、李素丽和徐虎等为人们熟知的无私奉献者，同样也是平凡人，既然他们可以摒弃私心，我们只要下定决心，并且不懈努力，最终也一定能够做到。其次，我们应该知道，私心的根源是欲望，而人类正是欲望的化身，所以我们必须养成克制私心的习惯，要有持之以恒的决心，以及“勿以恶小而为之，勿以善小而不为”的意识。最后，摒弃私心，实际上是让自己把眼光放长远，从而得到更好、更多的利益，并不是完全地、毫无回报地单方面付出。

当然，这所有的一切都是为了我们能够融入集体，从而在合作共享中达成一种和谐的工作氛围，如此才能保障自己的利益最大化。相反，如果我们不能摒弃私心，虽然通过巧取豪夺能够得到一些眼前的利益，但是从长远角度来看，当我们因为利益抢夺而得罪了身边的所有朋友，并且最终成为众矢之的，那么在集体中立足也会成为奢望，又如何能够继续取得自己期待的经济利益呢？

在佛教著作中，记载着这样一则耐人寻味的小故事：有一个刚获得权力的国王，为了显现自己的威严，决定建造一所前所未有的宏伟殿堂，于是下令百官去森林中寻找一棵最大的树木做房檩。

由于国王的性格自私自利，生性又比较残暴，大臣们谁也不敢怠慢，纷纷带领随从进入森林寻找最大的树木。最终经过确认，他们终于找到一棵最大的树，然后回来禀告国王，并且选定了砍伐的吉日。但是，就在砍伐的前一天，国王忽然做了一个梦，那棵即将被砍伐的大树，化作人形在梦里向他请求饶命，并着重强调了被砍伐的痛苦。生长在树周围的一些花花草草和小动物，也都帮助它求情，让国王感到很惊奇。

但是最终国王还是不为所动，为了建造最宏伟的宫殿，他执意要砍掉这棵大树。大树见国王主意已定，只得转而对国王说："既然如此，你可以砍倒我来做宫殿的房檩，但是请你先砍掉我的枝丫，最后再砍倒我的主干。"

国王有所不解，向它问道："你刚刚才说过自己惧怕痛苦，如果先砍枝丫再砍主干，岂不增加了你的痛苦。"

大树闻语说："确实如此，但是如果你直接将我砍倒，我庞大的身躯会砸到很多花草和小动物，我宁愿自己痛苦些，也不愿它们因我而受苦。"听到这些，那些花花草草和小动物都落了泪，国王也感到有点儿过意不去。

第二天早上，砍伐大树的准备工作都已经做好，百官们只等国王下令出发。然而，国王想起了自己在昨天晚上做的那个梦，忽然有所感悟，那棵大树对花草和小动物充满仁爱，"至死"都不忘考虑它们的利益，自己又怎么忍心为了一己私利而去砍伐它呢？想到此，国王虽然带着百官浩浩荡荡地去森林里找到那棵大树，最终却只是将那棵大树奉为树神，一番祭祀之后便回来了。

之后，国王不但没有耗费民力建造宫殿，反而一改自私自利的习惯，对待百官和民众也越来越仁爱。最终，就像那棵大树一样，这个国王也得到了大家的一致爱戴。

私心作为一个无法填满的"黑洞"，如果得不到及时扼制，迟早会将我们的理智全部吞噬掉，从而导致我们的彻底失败。作为一名企业员工，我们永远不应该让自私自利成为别人对我们的评价，唯有如此，我们才能得到大家的欢迎和认可，从而与众人达成一种合作共享的融洽氛围。只要我们能够真真正正地放下私心，对人对事都能够客观公正地处理，最终将不难发现，虽然我们有付出，但实际上受益最大的还是我们自己。这其中，不仅包括看得见的物质利益，最重要的还有看不见、摸不着，但是对于我们的生存和成长都非常重要的精神利益。

在佛教界自私被称为“我执”，属于一种魔障，是需要通过修习进行冲破的自我修为。修为者如果能够冲破，最终就可以立地成佛；如果冲不破，则只能继续做凡夫俗子。其实，我们作为一名企业员工，在职场中打拼又何尝不是一种修为，只不过我们的修为被称作摒弃私心、合作共享罢了。认清了这一点，我们就应该努力去除自己的私心，努力突破以自己为中心的思维沼泽，争取早日成长为一名合格的企业员工，最终营造出和谐的人际关系。

此外，不光是人与人之间的共处需要合作共享，企业与企业之间也需要互通有无，以便面对更加艰险的市场挑战，并取得最大限度的经济收益。这就要求企业必须形成一种合作共享的发展文化，或者说企业当中的每名员工都需要具有合作共享的意识，企业才能在激烈的市场竞争中乘风破浪，最终取得预期的成功和经济收益。

3. 别让合作共享成为一句空谈

虽然越来越多的人开始通过合作共享来拓展自己的利益空间，但是更多的人还是主要将目光放在利益的获取上，而不是合作关系的维护上。

如此一来，合作共享就很容易变成一句空谈，最终不但合作共享的效果难以体现出来，还会因为利益分割不均而产生矛盾，直到合作共享关系完全破裂。为了避免这样的事情发生，我们必须充分了解合作共享的重要性，从而对合作共享关系形成足够的维护意识，如此才能保障自身利益切实得到长久实现。

在此，如果我们想要避免让合作共享变为空谈，就应该对其有一个科学合理的认识。

首先，我们与合作共享对象的关系，应该建立在相互信任的基础上，因为一个集体中的成员如果缺乏信任，就会自然而然地对自己实施保护行为。而保护自己的行为，在某种程度上来讲，就意味着伤害别人，至少会侵犯别人的利益或引起别人的误会。如此一来，整个集体成员的合作共享关系也就不复存在了，无论领导者如何推行合作共享模式，最终都难以收到预期的效果，从而使合作共享流于形式，成为空谈。

其次，合作共享不仅包括合作双方共同的利益，同时也体现在我们是否为对方的利益着想上。比如认为对方的一些利益可能与我们毫无干系，我们完全没有义务帮忙处理，甚至处理起来可能会侵犯自己的利益。在这种情况下，如果我们不能维护对方的利益，实际上也是破坏合作共享关系的一种行为。其中的道理很简单，因为轮到我们的利益需要对方维护时，对方必定会做出和我们相同的行为。由此可以看出，如果我们无视对方的利益存在，也可能导致双方合作共享关系成为空谈。

最后，整个团队的多人合作共享，往往需要团队领导具有十足的凝聚力。因为既然涉及一个集体，往往意味着其中不同成员间的能力会参差不齐，思想认识也势必千差万别。如果领导者不能形成强有力的统筹安排，整个集体的成员就会成为一盘散沙，在这种情况下，即使企业有相关合作共享的规定，最终也难以实现。对此，我们必须具备这样的认识，即“人心齐，泰山移”，没有什么事情是团结的力量所无法做到的。如果一个团队能够精诚合作，那么他们在做事时一定能够事半功倍。由此我们可以做出判断，任何破坏团结的人和事，都不应该出现在一个成熟的集体中，因为我们绝不能让合作共享成为一句空谈。

马克思和恩格斯是我们所熟知的一对密友,在合作共享的工作关系中,他们建立了笃厚的革命友谊。这其中最值得称道的,无疑就是恩格斯不负重托,帮助马克思完成了《资本论》的编著。

事实上,早在1848年欧洲大革命失败以后,马克思与恩格斯的合作共享关系就已经开始了。当时,由于经济条件所限,二人不能同时进行著述,而是必须有一个人站出来承担经济压力,帮助另一个人。对此,恩格斯自认才能不及马克思,便主动到曼彻斯特从事商务活动,以此来保障马克思能够继续著述。

在这段时间里,二人虽然分居两地,但是合作共享的关系一直没有改变。首先是马克思,他不顾贫困的生活境遇,在恩格斯微薄的经济资助下,始终顽强地坚持著述;其次是恩格斯,他虽然不愿经商,但是为了共同的梦想,他还是勉为其难,并最终使生意一点点好转,同时给马克思的经济帮助也越来越多。

然而,就在恩格斯的生意和马克思的著述都开始步入正轨之时,岁月却开始让疾病侵害到这对挚友的身上。尤其是马克思,因为年事较高,又常年被贫困和压力困扰,他终于积劳成疾,在1883年与世长辞。而这个时候,《资本论》实际上仅仅出版了一卷,第二和第三卷尚处于酝酿之中。

面对这种情况,恩格斯毅然担起了著述的重担,他卖掉股权,辞去工作,很快开始了《资本论》的续写。在此之后的10年之间,恩格斯一边缅怀自己的导师和挚友马克思,一边在马克思女儿的帮助下,完成了《资本论》第二和第三卷的编著,并且最终在1894年时使《资本论》全版得到发行。

当然,马克思和恩格斯合作共享的美谈也从此留在了历史的记忆里。

在我们的现实生活和工作中,虽然不是每个人都有机会拥有马克思、恩格斯两人这样的合作共享关系,也可能无法得到这样的挚友,但是即便为了我们自身的经济利益考虑，也应该充分认识到合作共享的重要性，从而坚决维护合作共享的伙伴关系，以此来保障合作共享的切实进行。在这一点上，我们也许应该向日本的汽车工业企业学习，尤其是其中的代表企业三菱公司。在该企业中，全体员工以车间主任为核心，车间主任以公司副总为核心，公司副总以老总为核心，老总又以全体员工为核心，整个企业紧密团结在一起，形成了典型的合作共享关系。

众所周知，日本的汽车工业基本可以做到“零损耗”，这一点使身为世界唯一超级经济大国，同时也是汽车生产制造大国的美国都感到汗颜。那么，日本汽车工业何以做到如此高超的地步呢？答案就是因为他们不仅具有合作共享的工作精神，同时还能够将这种精神不折不扣地落实到每一项工作中，从而达到了 1 加 1 大于 2 的合作共享效能。有数据显示，日本汽车工业的从业者，平均和同事相处的时间基本都超过了他们陪伴家人的时间。这其中，不仅包括他们的工作时间，其余如用餐、休闲、娱乐、旅游和运动等活动，他们都会选择和自己的同事在一起，以此来保障合作共享能够多一层感情的保险。

除此之外，我们在面对合作共享的时候，也应该弄清这样一个问题，即个人的利益和集体的利益是否存在冲突？答案当然是否定的。众所周知，远古时期的人类并不是以家庭为社会单位，而是以各种大大小小的部落为单位，以此来共同抵御野兽或其他部落的攻击。而这种社会单位，实际上就是一种合作共享的关系，所以合作共享不仅是一种现代职场的人为选择，同时也是一种历史经验的自然选择，具有绝对的科学性和实用性。

所以，我们在参与职场生活的时候，不仅要具备合作共享的思维意识，同时也要有坚定维护和切实执行的工作态度。如此一来，我们才能保障工作环境的和谐与工作氛围的融洽，并最终使得自己的经济收益最大化。

4.

拥有团队精神,才能真正合作共享

孟子说:“天时不如地利,地利不如人和。”这里所说的“人和”指的就是团队协作能力。对于一个参与市场竞争的集体而言,“人和”是最重要的取胜条件,其重要程度甚至被古人列在了“天时”和“地利”之上。对于每个企业员工来说,团队精神都是我们走向“人和”、走向合作共享的必要精神修为,也是我们帮助企业成功以及获取自身利益的有力保障。

在现代职场竞争中,我们每个人都不可能脱离集体而独自存活,即使位高权重的老总也要依靠众多员工的帮助,才能在市场竞争中形成自己的坚实力量。而对于一家企业而言,如果所有的员工都把劲儿用在一处,那么这个团队的竞争力自然会增强;反之,无论这个团队中的某几个人有的能力多大,如果不懂得团结合作,最终只能落得惨败的下场。有了这样的认识,我们就应该了解到团队精神的重要性,努力培养自己的团队精神。在此我们必须谨记,为集体贡献自己的力量,同时也是为了自己能够获得更多的利益。

如果我们想要让自己具备团队精神,首先需要找准自己在整个团队中的合理位置。这一点对于我们为人处世非常重要,如果我们连自己的位置都找不准,那么接下来的行为也必定是不适当的。如此一来,不要说我们为集体做出贡献,很可能还会拖集体的后腿,成为导致整个团队退步的罪魁祸首;其次,我们在参与企业竞争时千万不能和自己的同事“争风吃醋”,因为这样非常容易造成不必要的团队资源内耗,从而影响整个团队的整体竞争力;最后,也是最重要的一点,就是我们必须和上级领导及身边同事达成默契,毕竟市场形势瞬息万变,如果团队里的所有成员不能达成足够的默契,那么在参与市场竞争的时候很容易就会被对手钻了空子。

2004年6月，风靡全美的NBA盛事又一次进入最后的总决赛阶段，几乎所有美国人的目光都聚焦到了两支决赛队伍上。然而，对于这场总决赛的结果，大多数人却自以为已经知晓，在他们看来，比赛只不过是走个过场，“湖人”将不可阻挡地捧回这一届的冠军奖杯，他们等待的仅仅是庆祝时刻的到来。

“湖人”队不仅有经验丰富且名震篮坛的老帅菲尔·杰克逊领衔执教，而且还有科比、奥尼尔、马龙和佩顿等一线超级篮球明星。这样的阵容，已经称得上是整个NBA历史上最豪华的阵容，无论从哪个角度看，“湖人”都没有落败的可能。

“湖人”球迷们的想法并不是没有道理，这不仅因为湖人的阵容实力超强，一路强势杀入总决赛，还因为与之对阵的“活塞”队全都是平民队员，而且一路“跌跌撞撞”，好像完全凭着运气才闯进总决赛。

然而，事实表明，“活塞”队利用精诚团结的协作精神，创造了NBA历史上的一个传奇。比赛开始后，“活塞”队随即开始以迅雷不及掩耳之势发起猛攻，让众多球迷感到大跌眼镜的是，“湖人”队坐拥众多一线明星，居然毫无还手之力。尽管在第一局“湖人”凭借超强的球员个人能力“先下一城”，但是他们的整场态势已经明显处于下风，并且在随后的比赛中被“活塞”队接连扳回四局，最终以1:4的成绩败下阵去。

原来，此时的“湖人”队正在忙着搞内斗。科比和奥尼尔都想着争做“‘湖人’一哥”，再加上过于轻敌，二人基本把比赛当成了个人表演；马龙和佩顿也只顾向教练菲尔·杰克逊争宠，都在暗中和对方较劲，心思完全没有用在比赛上；最离谱的是总教练菲尔·杰克逊，他为了拉取赞助商的广告费，居然无视球员之间的矛盾，而只是简单地将所有明星球员派上场，从而增加比赛的看点，结果被“活塞”队抓住时机，一举击溃。

古语有训:“一着儿不慎,满盘皆输。”尤其是对于篮球比赛这样的快节奏赛事。赛场如战场,一旦某方失去斗志,并且开始企盼赛事早点结束,那么他们的败局就已经决定。我们在参与职场竞争的时候,同样是这样的道理,只有把目光放到全盘的高度,然后把自己安放在全盘中的合适位置,悉心经营自己的“角色”,才能保障整个团队的高效运作最终取得成功。也只有我们帮助团队取得了胜利,我们的个人利益才能得到保障,这也是我们必须具备团队精神的重要原因之一。

对团队精神的培养,具体可以参照以下几点。

(1)在同事之间建立相互信任的关系。心理学家早已经证明,信任是人与人之间相互合作的第一要素,如果合作双方连相互信任都不存在,那么还不如不合作。但是只要我们能够和同事取得相互信任,就可以免去后顾之忧,不仅可以达成合作共享的团队关系,还能够有效激发彼此的工作潜力,从而显现出合作共享的团队效能。

(2)积极参加集体活动。这里所说的集体活动绝不仅限于工作上的事情,工作之外的集体活动更加能够消除同事之间的距离感。而一旦将同事之间的距离感消除,我们工作的协作默契度也会大幅提高,从而使得合作共享关系能够越来越和谐融洽。所谓“三个臭皮匠,赛过诸葛亮”,只要我们在合作共享时相互帮助、相互支持,必定可以形成强大的团队竞争力,从而无坚不摧、无往不胜。

(3)不断的自我学习和充实。市场竞争千变万化,公司发展一日千里,我们要想跟上团队竞争的步伐,唯有不断提高自己的工作能力。对于有些企业员工来说,不是他不想达成合作共享的工作关系,而是他们的工作或学习能力确实不够。对于这些人来说,如果不能尽快让自己的实力提高,那么他将难免会面临“有心无力”的尴尬处境,最终的失败也会是注定的。

总而言之,在现代职场竞争中,我们不仅需要攻城略地的豪气和攻坚克难的勇气,更需要团结协作的企业文化。一个企业或者一家单位,其员工组成是一盘散沙还是一块铁板,是军心涣散还是精诚团结,其市场竞争力将明显不同。如果我们想要置身于一个成功的企业,并且发挥自己的才能，获取自己的预期收益，那么首先就让我们自己成为一名具有团队精神的员工吧！

5. 懂得合作共享，先从自己开始

在集体生活和工作中，最惧怕的事情就是发现问题时相互观望，出了问题之后又相互推脱，这样只能说明你还是一个不够成熟的职场人士。事实上，当我们参与到集体活动中时，总会有一份属于我们的责任，这份责任是不可推卸的，既然如此，我们又有什么理由不去积极主动地完成它呢？如果我们选择退缩，不仅会直接导致我们的利益受损，从长远角度来讲，还会间接阻碍我们的能力提高和职业发展。因此，我们必须要具备成熟的职场认识，即合作共享必须从自己做起。面对同事的观望和领导的审视，我们应该做出榜样，以身作则，大胆迈出自己的第一步。

其实，我们之所以会在职场生活中采取观望和推诿的态度，往往是因为我们内心当中的不自信，或者是出于害怕失去已经得到的东西。而一旦我们被这样的心态驱使，到头来就会发现自己越来越保守，越来越难以提高和发展自己。面对这种情况，我们必须为自己制订长远的个人职业规划，从而保障自己在每个阶段能够切实完成相应的成长目标，而不是犹豫徘徊，在观望中浪费自己的大好时光。

同时，我们还应该具备这样的认识，即面临挑战是我们完成自我蜕变的大好时机，而且越是艰巨的挑战，就越利于我们的成长。相反，如果我们拒绝接受挑战，始终保持原地踏步的状态，就会成为一种拒绝自我成长的表现。尤其是当我们发现自己上升或者成长的空间已经达到瓶颈时，回过头来深刻地反思自己,努力从自身找原因,也许我们就能够成功打开一扇新的发展之门。

曼德拉是南非前总统,和每个平凡的人一样,他的成长经历也有过重要的转变,而这些重要的转变和曼德拉对自身的认识有着莫大的关系。

由于对国家有着深厚的感情,并且对世界有着充分的认识,曼德拉从小就立志要改变南非贫穷落后的面貌,他在求学时代也一直在为这个志向而努力。然而天不遂人愿,由于志向过于远大,曼德拉甚至不知道自己该从何入手,往往是他刚刚生出一个想法,便立即被现实的残酷浇灭。

一个偶然的机会,曼德拉去英国参观旅行,目的地是位于英国伦敦的威斯特敏斯特大教堂。临行前,部落长老告诉曼德拉,一定要去教堂地下室的墓碑群看看,并且绝不能错过那座刻着人生箴言的无名墓碑。

对于威斯特敏斯特大教堂地下室的墓碑群,曼德拉也早就有所耳闻,即使长老不说他也会去看看。然而让人不解的是,墓碑群中既有权倾一时的英皇贵族,也有牛顿、达尔文和狄更斯等一众名流豪绅,为什么长老非要让自己去看一座无名墓碑呢?

带着一丝疑问,曼德拉来到了威斯特敏斯特大教堂,并很快进入了地下室的墓碑群。经过一番找寻,他终于来到了长老说说的那座无名墓碑前,而就在他看到这块墓碑上的内容时,也当即明白了长老的深意。只见那座墓碑上写着:“当我年轻的时候,我想着改变世界;当我中年的时候,我想着改变国家;当我暮年的时候,我想着改变家庭;直到我行将就木的时候,我才想着要改变自己。”

回到南非以后,曼德拉的性格内敛了不少,而且最重要的是,他开始脚踏实地地面对各类问题,其中最明显的改变,就是他开始关注自身的改变和成长。后来,经过数十年的不懈努力,曼德拉循着与那个无名墓碑的主人完全相反的人生轨迹，终于成了南非的总统，并成功改变了整个国家的命运。

古语有训："修身，齐家，治国，平天下。"我们应该知道，这并非是一个并列的行事排列，而是一个不折不扣的递进式。因为我们只有修身成功，才能齐家；也只有齐家成功，才能治国；在治国完成之后，才能平天下。当然，我们不光是在完成自身成长的过程中需要关注自己，在处理自己的人际关系时，同样需要关注自己。这就是我们在参与合作共享的职场活动时，必须要先从自己做起的原因所在，毕竟，我们应该懂得"己所不欲，勿施于人"的道理。

很多时候，我们在职场生活中感到困惑不堪，这可能并不是因为我们做了什么，而恰恰是因为我们什么都没做。换句话说，如果我们想要在职场竞争中得到提高和发展，以及让自己感到充实和有成就感，我们就必须要勇敢地做点儿什么，而不是瞻前顾后，眼睛始终盯在别人的身上，直到别人都做过了某件事，我们才想到唯独自己还没有做过。

面对合作共享，先从自己做起应该成为我们的一种习惯，而且也只有一个集体中的所有成员都具备了这种习惯，整个团队才能形成争先恐后、不断发展前行的工作氛围。我们作为一名企业员工，如果能够置身这样的企业，也一定能够不断激发出自身的内在潜能，在为集体不断贡献出更大力量的同时，大幅提高自己的工作能力，最终收获更多、更大、更长久的经济利益。

第八章

善于沟通：出色的沟通能力是打开“和谐之门”的金钥匙

1. 拥有出色的沟通能力才能拥有好人缘

我们每个人都希望营造出良好的人际关系，这样不仅能够在生活中拥有很多朋友，而且能够在工作中得到更多的助益。但即使是亲密的爱人之间，如果没有准确的语言表达和沟通，也无法传递相互之间的情谊，如此必定难以建立良好的关系，更何况是在普通朋友之间。可见，如果没有出色的沟通能力，即使我们想要和别人亲近，想要打造良好的人际关系，可能也会因为沟通方式的失当而收到适得其反的效果。

众所周知，我国古代春秋战国时期就有许多政治家通过沟通来兜售自己的治国理念。他们纵横捭阖，依靠自身出色的沟通能力，在历史上留下了不可磨灭的印迹，我们所熟知并尊重的孔子，除了教授弟子之外，实际上所做的就是这些事。日常生活中，虽然我们无须向古代的说客那样具备专业的沟通技巧。但是为了自己在生活和工作中做事时能够产生事半功倍的效果，还是有必要树立培养自身沟通能力的意识，从而在工作中逐渐提高自己的沟通能力，以求最终能够出色地完成自己的工作任务。

事实上，无论我们对于沟通技巧是否具有专业了解，我们在实际的生活和工作中都或多或少地使用着沟通技巧，只不过我们对于沟通技巧的认识比较有限而已。比如当我们遇到一个身材比较矮小的同事时，就会避免说一些贬低身材矮小者的话，以免引起对方的不满甚至敌意。为了避免自己说错话而给同事造成不良印象，我们就需要对沟通技巧有一个全面系统的认识，以此让自己在与人沟通的过程中游刃有余、左右逢源。

美国钢铁大王卡耐基曾经说过:"有了良好的人际关系,就可以创造客观的财富,而良好的人际关系必须从学会与人沟通开始。"作为一名以沟通能力见长的成功商人,卡耐基不仅关注自身沟通能力的提高,而且要求他的员工也必须学习如何与人沟通,从而形成了和谐工作的企业文化,这也是让卡耐基最终取得商业成功的重要原因。试想,如果一家企业的员工连基本的沟通能力都不具备,那么这家企业的员工相处势必一团糟,发展也必定难以为继。

在相关沟通技巧的课程中,流传着这样一则著名的小故事:有一个非常不善于表达的人,总是因为无心之言得罪身边的人。值得庆幸的是,他对于人际关系的维护具有很强的意识。于是,为了挽救自己的人际关系,他主动设宴,邀请了关系比较亲近的四位朋友。

宴请当天,其中三位朋友陆续来到,可是左等右等,就是不见第四位朋友的到来。由于比较着急,事前一再告诫自己不要说错话的主人还是说出了让人无法接受的话。只见他向楼下望了望,然后回身对三位朋友说:"唉,该来的人没有来。"

他说这句话其实并没有别的意思,只是强调一下希望朋友都到齐,然后便可以开宴。但是他此话一出口,其中一位在场的朋友听不下去了,他站起身对设宴的人说:"该来的人没有来,也就是说我不该来了?既然如此,我就不打扰了,你继续等该来的人吧!"说完便扬长而去。

宴请的人见客人离去,更加着急,几乎想也没想地说:"太糟糕了,不该走的人又走了。"他此言一出口,剩下的两人中也有一个坐不住了,他起身对设宴的人说:"听你话里的意思,好像我留下有点儿不识趣了,那我还是回家好了。"说完也离开了。

设宴的人一看更加慌张了,他回头望着仅剩的一位朋友,已经不知道自己该怎么说才好,生怕再得罪了最后一位朋友。留下的这位朋友也知道他口无遮拦的毛病,正想着安慰一下失意的他，却听设宴的人说："其实，我这两句话不是对他们说的。"

仅剩的一位朋友闻语思索再三，终于也红着脸推门而去。设宴者望着离去的朋友，心中忍不住一阵懊悔，可是不善沟通的缺点还是让他无可奈何。

由此我们可以看出，沟通技巧对于达到预期的沟通效果的作用是非常重要的。尤其是对于那些想要搞好自己人际关系的人来说，如果不能掌握一定的沟通技巧，根本无法在人际交往中站稳脚。相反，只要我们能够对沟通技巧具有一定的了解，就能够保证自己在人际交往过程中如鱼得水，处处都可以收到事倍功半的效果。如此一来，我们不仅能够建立良好的人际关系，同时对于我们的职业和事业发展也会起到意想不到的助益。

然而，很多人在建立人际关系的时候总是会遇到这样或那样的问题。比如有些人在付出之后总是觉得回报太少，因而不想再次付出，并最终把人际关系搞得一团糟。其实，我们在进行人际关系沟通的时候，与其把精力放在得失之上，不如把目光放在沟通的技巧修为上，以保障最终能够与沟通对象形成心理上的默契。这样不仅能够使自己的人际关系得到好转，同时也可以让自己的付出有所回报。

俗话说："多个朋友多条路，多个敌人多堵墙。"一个人如果想要完成自身质的飞跃和成长，除了要依靠自身的努力之外，朋友和师长的帮助也是不可或缺的。而我们得到这些帮助的前提就是营造良好的人际关系。一项来自权威机构的科学调查数据显示，社会中白手起家的成功商人中，有 90％能够维护良好的人际关系，其余 10％也是依靠亲人或者亲人的朋友来维护良好的人际关系的。

实际上，我们获得成功，并不在于我们拥有多少资源，而在于我们能够利用多少资源。但前提仍然是我们必须具备建立并且维护良好人际关系的能力，而建立良好人际关系的对象，不仅包括亲人、朋友和同事，还包括领导、老师和下属等。

总之，我们要把良好的沟通养成一种习惯，无论面对任何对象，都要具备良好的沟通能力。如此才能建立并维护起良好的人际关系，也就是俗话所说的“好人缘”。

2.

打造和谐的人际关系从“心”开始

我们都应该明白这样一个简单而深刻的道理：只有和其他人建立良好的人际关系，才能在这个世界上生存和发展下去。而我们要想和其他人进行有效的交往，和谐就成了必须掌握的前提。

如今，和谐已经成为国家倡导的社会主题之一，怎样打造和谐的人际关系，也成为现代职场中必不可少的一门课程。为了能够得到自己预期的幸福，很多人都在积极寻找着打造良好人际关系的方法，却总是忽略自己的内心世界，于是即使我们维护了人际关系，也是畸形的，不如意的。

面对这种情况，很多人都开始思考破解人际关系乱局的方法，但是当所有的纷乱和繁杂落尽，人们终于开始回归理性，却忽然发现破解问题的核心也许就在于我们自己，在于我们的内心。著名国学大师梁启超先生曾经说过，“人所以不能不群者，以一身之所需求、所欲望，非独立所能给也；以一身之痛苦、所急难，非独立所能捍也。于是乎，必相引、相倚，然后可以自存。”也就是说，和人共处并与人沟通，不仅是理性的选择，同时也是感性的结果，我们想要打造和谐的人际关系，必须从自身做起，从内心出发。

具备了这样的意识，我们就应该对和谐人际关系有一个科学合理的了解，当我们为和谐人际关系而积极努力的时候，就可以摒弃杂念，用真诚和理性的态度去为人处世。当然，如果我们想要让自己打造人际关系的能力变得游刃有余，还需要不断地用心去体会，用心去做事。

在位于我国东北边境的丹东市有一位盲人按摩师。由于技艺精湛，他的生意非常好，后来他开了一家自己的盲人诊疗医院。与其他盲人诊所不同，这位按摩师的诊所从来都是里外通明，而且彻夜灯火不熄，连店面前的街道路灯都格外明亮。

众所周知，对于盲人来说，灯光的明亮与否根本就不重要，更加没有必要把灯火弄得彻夜通明。于是有人问这位盲人按摩师，“既然你的眼睛什么都看不见，为什么还要把店里店外弄得这么明亮呢？我猜想，你一定是因为自己看不见，因此希望别人更加珍惜光明。”

但是让这位询问者没想到的是，盲人按摩师微笑着说：“你只说对了一半，而且是一小半。我之所以这样做，除了要提醒世人珍惜光明外，更重要的是我要给自己提供方便。”

询问者更加不解，狐疑地说：“难道你的眼睛还能隐约看到东西，只是需要更加明亮的灯光？”

盲人按摩师说：“我的眼睛已经完全看不见东西了，但是我每天还是要行走在路上。如果灯光昏暗，对面走来的人可能会注意不到我而撞到我。但是我现在把灯光弄得格外明亮，这样对面走来的人就能够及时看到我，也就不会撞到我了。”

询问者这才想明白，同时也明白了为什么盲人按摩师的生意能够做得这么好，原因就在于他能够从内心出发考虑问题，虽然他也是为了获取自己的利益，但他首先想到的却是顾全对方的利益。盲人按摩师在照明这件小事上尚能如此，在其他各个方面当然也能够兼顾病人的利益，如此想来，他的生意兴隆也就不足为奇了。

所谓“群居守口，独居守心”。也许在盲人的世界里，他们永远都是独处的状态，因此他们也比我们更加懂得如何守住自己的心。而作为一个健康独立的个体,我们并不是不能守住自己的内心,而往往因为我们被眼前的乱象和身边的众人迷惑,从而在不知不觉中忽略了自己的内心世界。因此,我们的情绪就会随着境遇的变化而发生波动,进而丢掉自己的理智,处理事情的能力也会随之大幅下降,打造和谐的人际关系便更加无从谈起了。

除此之外,我们打造和谐的人际关系还需要从诚信方面入手,所谓“心诚则灵”,当我们能够用诚信去经营与每一位同事的关系时,和谐的目标便不难达成。孔子也曾经说过,“人无信则不立”。诚信作为人们和谐共处的基础,永远都不应该被我们抛诸脑后,否则即使我们签订了书面的合作协议,和谐关系也会如同建在沙漠上的大厦一样,随时都会有倾塌的可能。放眼当前社会的各种人际关系“坍塌”,究其原因不过是信任的缺失,当坑、蒙、拐、骗、偷成为社会常态,“防人之心不可无”也自然成为了大多数人的处世哲学。当然,防人之心从某种程度上来讲,就是对人的不信任,就是一种不真诚,我们在剖析人际关系问题时,也应该从诚心上有所思考。

具体来讲,从“心”出发建立和谐的人际关系,可以从以下几点进行参考。

(1)人格平等。平等是所有人类共同具有的心理需求,如果人与人在交往过程中失去平等原则,那么他们相互之间的关系势必将难以和谐。我们所熟知的周恩来总理和清洁工握手的照片,就是人格平等的真实写照,为什么周恩来总理如此受到人们爱戴,相信这正是其中一个非常重要原因。作为一国总理尚且如此,我们作为一名企业员工,甚至是作为一家企业的老总,又有什么理由自觉高人一等呢?

(2)协调利益关系。说一千道一万,可见的物质利益才是和谐人际关系的基础,如果利益分配不均,那么人与人之间就会产生矛盾,和谐的人际关系也将无从谈起。因此,我们必须处理好与同事、下属及领导的利益分配问题,所谓“亲兄弟,明算账”,切不可让利益分配存在灰色地带,否则和谐的人际关系必将成为一己之奢望。

(3)化解内部矛盾。国人总有拉帮结派、搞小团体和“拉山头”的习惯，有时候不一定是牵扯到了谁的切实利益，往往就是因为意识形态的不合，从而导致双方的相互斗争，哪怕是在一个集体的内部。面对这种情况，如果领导者及涉事双方没有内部化解矛盾的意识，这个团体就会不可避免地陷入内耗，一旦面临集体的外部斗争，还可能被对手利用其内部矛盾进行分割包围，然后逐个击破。

美国著名心理学家布鲁得斯曾经说过："人类适应社会，最主要的就是适应人际关系。"我们应对这句话有进一步的认识，即我们适应人际关系，最主要的是要从心出发，用心经营。

3. 最好的沟通者都善于倾听

倾听作为一种行之有效的沟通方式，一直以来都被沟通专家青睐。我们作为职场人士，如果能够领略倾听的奥秘，也必然能够成为一个出色的沟通者，从而保证自己在经营人际关系时能够如鱼得水。如果能够这样做，就会发现自己的生活和工作中少了很多不可理喻的人，你开始可以轻而易举地说服很多人。更重要的是，你还可以在此过程中掌控沟通的节奏，得到对方的尊重和信任，以及一个可见的步向成功的希望。

《绿色资本主义》一书的作者保罗·霍肯说："与人沟通就像是开车爬坡，如果我们选择与之激辩，那么就如同我们挂高速挡加大油门，在这种情况下轮胎必定会打滑，车子也休想前进；但是如果我们能够学会倾听，就好像是挂低速挡适度踩油门，如此反而可以避免轮胎打滑，从而让车子徐徐前行。"其实，倾听的艺术魅力就在于此，也许我们在与人接触的时候会觉得对方很难沟通，甚至暴跳如雷，认为对方不可理喻。但是，只要我们能够冷静下来想一想就会发现，其实我们根本就没有认真听取对方的表述，如此也就难怪对方根本不理睬我们的观点了。

在此我们还应该清楚一点，人与人之间的沟通，有时候完全是一种宣泄，没有道理可讲。在这种情况下，我们需要做的事情就只有倾听，等到对方宣泄得差不多了，就会自动转变负面情绪，开始积极主动地听取我们的观点和阐述。如果我们在开始的时候不能选择倾听，而是天真地认为必须要讲出道理，并且掺杂进一定的自身观点，那么对方的情绪不但得不到宣泄，还会否定我们的观点。如此一来，沟通必然会陷入一种僵持状态，我们想要达到的沟通效果也就不可能实现了。

美国著名访谈节目主持人林克莱特是一位非常卓越的沟通者，在回忆自己的成长经历时，他始终对一件小事不能忘怀。

当时，林克莱特奉命采访一群小孩子，问题基本都是一些关于理想和未来的事情。当他问一个黑黑瘦瘦、看上去好像长期营养不良的黑人小男孩时，那个孩子眼睛明亮地对林克莱特说：“我将来想成为一名飞行员，载着我的乘客飞遍世界。”

对于这个天真孩子的天真回答，林克莱特当然没有什么好说的。但是因为这个孩子比较有趣，林克莱特还是决定随便和他聊些什么，于是他随口问道：“那么，未来的飞行员先生，我想请问你一个问题。”

瘦弱的黑人小孩仰着高傲的头颅，自信地点一下头之后，用坚毅的目光准备迎接林克莱特的提问。

林克莱特说：“我很想知道，如果你的飞机不幸发生了故障，你将会如何对待你的乘客呢？”

黑人小孩想都没想，立即答道：“我会让他们系好安全带，然后独自一人背上降落伞跳下飞机。”

听到黑人小孩的回答，包括林克莱特在内的在场的所有人都笑了。最初他们还在认真倾听黑人小孩的回答，但是此时他们终于意识到，这个黑人小孩是多么自私和狡诈。因为一旦飞机发生故障，飞行员如果确定故障无法排除，首先想到的应该是就近迫降，如果无法迫降，乘客唯一的生还希望就只剩下跳伞逃生。而这个黑人小孩却让所有人都留下，然后自己一个人跳伞求生，这不得不让人唏嘘。

然而在众人的哄笑声中，这个黑人小孩的表情却十分委屈，甚至已经急出了眼泪，这些林克莱特全都看在了眼里。于是，他抬手示意众人停止哄笑，并且问出了自己一生当中最重要的一个问题，林克莱特说："好了，你现在可以告诉我，为什么要独自背着降落伞跳下飞机了。"

黑人小孩迫不及待地说："我要回家去拿我的工具箱，然后回来把飞机修好。"在场的所有人都哑口无言，林克莱特也因此而意识到了倾听的重要性，并从此学会了在与人沟通的时候尽心倾听。

我们应该知道，之所以倾听更容易得到沟通对象的心理共鸣，原因就在于倾听者往往会不自觉地按照对方的思路去考虑事情。然而就像林克莱特等人对待那个黑人小男孩一样，我们又有多少次是单纯按照自身想法去理解沟通对象的表述，从而误解了对方的真意，同时也让对方失去了对我们的理解。面对这种情况，我们必须及时转变思路，尽早学会去真正地倾听沟通对象的表述，从而跟上对方的思路，了解对方所思所想，然后在得到对方的肯定和信任后，再向其表述自己的观点。

古希腊著名哲学家苏格拉底有一个著名观点，他认为"上帝之所以给了人类两只耳朵和一张嘴巴，就是要我们多听少说，学会倾听"。尤其是在我们与人沟通的时候，如果能够静下心来倾听，最终收到的沟通效果将是非常显著的。再具体地说，我们在与人沟通时不要胡思乱想，不要随便打断对方的讲话，当对方讲话时，我们可以给出一定的积极回应，诸如点头、称是、挑大拇指，甚至是拍案鼓掌等。当然，对方在表述的时候也会有表述不清或表述不到位的情况，这个时候往往需要我们善意地修正和提醒，如果我们能够保障修正和提醒到位，就更容易得到对方的肯定。但是在此我们也应该注意，如果是在人比较多的场合中，这种修正和提醒则需要格外谨慎，因为稍有偏差，我们就会伤及对方的自尊心，如此当然是不可取的。

当然，倾听并不是一味地听取，完全没有自己的观点表述，而是一种以被动为主动的交流与沟通方式。换句话说，当对方进行观点表述的时候，我们需要做的事情不是与之争论，或者见缝插针地表述自身观点，而是以对方的表述为主题，加入自己的提问和观点，引导并且激发对方进行表述。当自己的观点得到别人的认可，或者通过讲解让对方明白某件事时，讲述者在内心也会油然生出一种成就感，从而使其内心充满喜悦。作为一名倾听者，我们就是要通过这种喜悦的给予，来达成融洽的沟通氛围。而这种融洽的沟通氛围一旦形成，我们就能够将自己的观点顺利地传递给对方，从而成为一名出色的沟通者。

4. 不会和别人沟通，你干什么都费劲

我们参与职场活动几乎离不开和人打交道，而既然是和人打交道，如果我们不具备足够的沟通能力，结果必定是处处受阻。联合国教科文组织已经发文通报，一个人如果不具备沟通能力，那么基本上他就属于一个文盲。因此，我们必须意识到，沟通已经成为我们最基本的职业素质之一，如果我们在生活和工作中连沟通技巧都不具备，那么很可能会面临严重的生存危机。

放眼社会上那些惹人瞩目的成功人士，几乎没有哪个人是不善与人沟通的，如果我们想要在职场竞争中占据一席之地，掌握良好的沟通技巧，也就成了一门必修课程。在此，我们首先应该关注一下自己的自信心问题，之所以有些人不善于沟通，就是因为担心自己会遭遇失败，而担心失败则往往是因为我们自信心不足。面对这种情况，我们应该不断地给自己心里暗示，即万事开头难，只要我们大胆地与人沟通，即使失败了也没关系，只要我们在失败中汲取经验教训，迟早能够掌握沟通技巧，并且最终成为一个具备沟通能力的优秀员工。

与此同时，我们在学习沟通能力的时候，很可能还存在这样一个误区，就是将掌握沟通能力理解为"把别人踩在脚下"。其实，我们学习沟通技巧是为了更好地与人和谐共处，解决已经产生的各类矛盾，从而使自己在生活和工作中不断取得进步。如果只是一味地争强好胜，不但不会消除我们在生活和工作中的人际关系矛盾，还会不可避免地增加和激化各类矛盾，到头来必定会得到一个适得其反的效果。

乔飞是北京青春健身器材生产公司的一名销售主管，他为人谦和，做事谨慎，受到了同事和领导的一致认可。但是乔飞也有一个非常明显的性格缺陷，就是沟通能力相对有些不足，尤其是在处理和领导的关系时，总是会出现这样或那样的问题。这也是他年纪最大，任职时间最长，却仅仅是一名销售主管的主要原因。

2012 年年底，由于公司市场大幅拓展，人力部门进行了临时性的人事调动，销售部门的总监由一位生产部门的负责人代理了一段时间。因为是做技术出身，这位领导对于销售工作基本一窍不通，但是这位领导又比较好面子，上任之后，他觉得既然身在其位，就必须要做出点儿成绩来。

在这种情况下，该领导对销售部门进行了各种调整，实际上则完全是"乱弹琴"。其余销售主管由于为人圆滑，和该主管几个回合扯皮下来，基本上已经消化了他的错误调整。但是这位代理总监的工作调整可是害苦了为人实在的乔飞，尽管他忙得头晕目眩，最终还是未能完成公司规定的销售额度。

很快,公司的处罚结果下来,这不仅让那位代理总监对乔飞意见颇大,连乔飞的下属也开始在暗中议论他的能力。乔飞见那位代理总监有继续"折腾"的趋势,无可奈何之下,只得越级将实际情况上报,使得那位"乱弹琴"的代理总监受到严厉批评,并很快调离销售部门。

如此一来,虽然乔飞面临的当下问题得以解决,但是他却深深得罪了那位代理总监。在之后的日子里,虽然该领导并没有和乔飞在同一个部门任职,但还是通过各种方法为难他。直到乔飞终于意识到继续留下来已经没有发展,最终只好选择黯然离开了这家公司,可怜的是通过这次事件,他的沟通技巧仍然没有得到应有的提高。

我们在现实生活和工作中,总是会不可避免地遇到很多问题,这本来很正常,但是如果我们不能学习并掌握必备的沟通能力,切实将问题科学合理地解决掉,那么我们的生活和工作迟早会陷入一塌糊涂的境地。比如乔飞在领导刚刚开始发难时,应该首先想到直接与其进行沟通,而他不但没有这样做,反而独自吞下了该领导制造的"恶果",以至于受到了不明不白的公司惩处。即使到了这个时候,乔飞和该领导沟通也为时不晚,但是他却选择了越级上报,从而不可避免地造成了与领导之间的矛盾激化。此外,公司领导对于此事的处理也明显缺乏技巧,因为该公司从头到尾就是简单的惩处,而完全没有根据实际情况进行必需的沟通。当然,我们在工作中不能要求公司处处为我们考虑,努力培养自己具备沟通能力,才是我们最迫切需要完成的事情。不难想象,乔飞作为一名销售部门的基层领导,必定具备一定的沟通技巧,但就是因为他不善交际,无法和同事及领导进行有效的沟通,最终才落得失败离场的结局。

事实上,没有人希望自己在生活和工作中与人发生矛盾,但一旦出现矛盾,我们应该做的就是积极进行有效的沟通。我们必须坚信,沟通始终是我们安身立命,以及成家立业的根本。只有进行顺畅的沟通,我们才能了解别人,并且让别人了解自己,从而形成和谐的生活和工作关系,最终让矛盾远离我们的世界，从而让我们在做每件工作的时候，都能够如鱼得水，游刃有余。

5. 养成勤于沟通的好习惯

在我们参与社会活动时，沟通就像是一座桥梁，总能把人与人之间的关系拉近。如果我们能够养成勤于沟通的好习惯，那么我们在生活和工作中的人际关系也必定能够无比和谐融洽。相反，如果我们不能养成勤于沟通的习惯，遇到问题和矛盾时总是任凭它酝酿和恶化，那么我们的生活和工作则难免会陷入一团糟的境地，到头来，我们的职业发展也会受到阻碍。因此，为了远离矛盾，让和谐融洽充满自己的世界，我们必须有意识地养成勤于沟通的好习惯，从而营造出良好的人际关系。

在实际的工作当中，我们总是试图建设一支高效的合作团队，但即使我们在每个岗位上都安排了最优秀的员工，如果这个团队之间缺乏良好的沟通，其凝聚力和竞争力也是无法得到保障的。这就要求一个成功的管理者同时也必须是一个出类拔萃的沟通高手，他不仅能够未雨绸缪，将团队内部的各种矛盾消解于无形，即使面对那些突发的、意外的矛盾，也能处理得完美无瑕。而且更重要的一点是，他们不仅要做到自己勤于沟通，也要培养自己的队员养成沟通习惯，从而为整个团队注入沟通文化。

如果从理论上来划分，沟通实际上包括横向沟通和纵向沟通。其中，横向沟通指的是同级别之间的人与人进行沟通，这类沟通基本上是为了合作互助，往往建立在顺畅沟通的基础上，还要做到相互保持高度默契，尤其是一些需要高度协作的工种，如果没有高度的沟通和协作力作保障，工作任务甚至根本无法完成；纵向沟通则指的是上下级之间的沟通，这类沟通对于纯工作者来说比较简单，只需要严格上传下达各阶层的命令和成果就可以了。但是对于那些有志于职业发展的企业员工来说，纵向的沟通则堪称一门复杂的艺术，因为这类沟通不仅包罗万象，并且需要考虑方方面面的利益和关系，最重要是还必须拿出真才实学，做出真正让人叹服的工作成绩。

当然，无论是哪一类沟通方式，如果我们想要顺畅地运用到生活和工作中，养成沟通习惯都是必不可免的一项职场修为。

张明松是深圳蓝科软件开发公司的一名程序员，由于软件开发通常需要团队协作，沟通能力也就成了他们的必备的职业素养之一。但是对于张明松来说，沟通却是一项难题，这也让他在自己的生活和工作中吃尽了苦头。比如在刚刚过去的2012年，他就因为缺乏沟通经验，与同事李伟发生了一次严重的冲突。

在最初阶段，张明松能够明显感觉出李伟对他的态度转变。最恶劣的一次，李伟居然踢倒了张明松的椅子，导致他险些摔倒在地。但是性格温和的张明松还是一忍再忍，希望可以通过这种方式化解和李伟之间的矛盾。然而李伟眼见张明松如此，却开始变本加厉，一次又一次挑衅张明松的忍耐底限。所谓“兔子急了也会咬人”，在忍无可忍的情况下，张明松终于大发雷霆，出手将李伟推倒在地。而李伟却好像一直在等待着张明伟被激怒，起身之后，两人随即扭打在了一起。

很快，匆匆赶来的项目组组长拉开了二人，随后经过公司议定，分别给了二人严重警告处分，并作出了一定的经济制裁。后来经公司查明，张明松和李伟交恶的最初原因，仅仅是因为张明松在李伟编写的代码后面加了注释。原来，张明松的理解能力和记忆力较差，对于李伟的代码多有不解之处，为了能够尽快熟悉业务流程，他才在代码后面加了注释。但是李伟却认为张明松是自作聪明，尤其是在领导表扬了张明松的做法之后，李伟对张明松意见更大。

至此我们可以看出，这件不起眼的小事完全可以通过沟通得到解决。但是由于缺乏沟通，张明松和李伟在矛盾产生后，全都采取了消极的和极端的方式面对，以至于稀里糊涂地使矛盾激化到了无法调和的地步，最终落得两败俱伤的下场。

同事之间通过有效沟通来避免矛盾，说简单也简单，说不简单其实也很难，关键就在于我们能够切实养成勤于沟通的良好习惯。在现实生活和工作中，我们应该把沟通当成一种团队建设的基础，任何需要团队协作的地方都应该及时进行沟通。如此一来，哪怕有不可避免的矛盾存在，也可以通过积极有效的沟通来及时化解。相反，如果一个团队没有沟通的习惯，那么即使是一个很小的矛盾，当它积累到一定程度的时候，也足以使一个团队的合作关系坍塌。

另一方面，沟通不仅仅限于语言方面，肢体语言同样可以达到很好的沟通效果。拍拍朋友的手臂、朝同事挑起大拇指，或者一个简单的击掌动作，这些都可以让我们和对方完成很好的沟通和交流。比如在体育赛场上，我们就经常可以看到这样的动作，那些劳累到已经没有力气说话的运动员，就是通过一个简单的肢体语言，来给自己的队友加油打气。如果我们在现实的生活和工作中养成这样的习惯，就可以在经意或不经意间和别人完成沟通和交流，以此得到朋友和同事的认可，为自己营造良好的人际关系打下基础。

此外，沟通的方式还有千万种之多。如果我们羞于口头和肢体语言表达，在学习沟通技巧的最初阶段，还可以通过 E-mail 等书面形式进行交流，直到我们积累到足够多的沟通技巧之后，便可以通过口头和肢体语言与人进行交流。总而言之，只要我们找到一种适合自己的沟通方式，并且养成勤于沟通的良好习惯，就能够成功打造出良好的人际关系，出色地完成自己的工作任务，最终成长为一名优秀的企业员工。

第九章

巧解矛盾：巧妙化解人际矛盾，确保人际关系和谐长久

1. 千万别拖延矛盾，遇到矛盾马上解决

众所周知，遇到问题越早解决越好，尤其是遇到矛盾时，一时的拖延很可能让原本非常容易解决的矛盾最终升级为无法解决的矛盾。事实上，我们每个人都知道拖延不是一种好习惯，但是在实际的生活和工作中，还是会有很多人不自觉地选择拖延。究其原因，就是因为我们总会觉得"来日方长"，迟一点儿做也没关系，甚至迟一点儿做会时机更好、效果更明显。结果等到期限迫近，才想到匆匆追赶进度，即使最终能够完成预期目标，也基本属于虎头蛇尾，质量根本得不到保障。

如果我们能够深入剖析拖延的问题，就会发现导致这一恶习的其实是我们的惰性，惰性就像是一剂麻药，一旦注入我们的内心就会疯狂滋长，直到让我们的整个人生面临崩溃。可想而知，我们生活和工作中的很多事情，并不是没有被自己注意到，而是因为懒惰最终选择了拖延，等到问题扩大时，我们再想去解决它却早已经是为时晚矣。有些人还会用"忙碌"作借口，来掩饰自己的拖延恶习，对此我们应该谨记，如果一件事足够引起我们的重视，那么即使自己再忙，也会将其完成。因此我们可以说，拖延与忙碌无关，懒惰才是真正的"罪魁祸首"。

此外，据心理学家介绍，拖延恶习还可能与我们的不自信有关。具体来说，就是我们因为惧怕失败结局的来临，而不愿尽快得到结果，总是觉得拖一分钟就可以晚一分钟面临"宣判"。如果遭到别人催促，我们还会以"没有准备好"为由，为自己的拖延保驾护航。而且更可怕的是，即使最终我们遭遇了失败，也总是以“阿 Q 精神”来抚慰自己，把责任全部推给别人。

成功的人总是在积极做事，而失败的人则总是在找借口拖延，直到失败的来临，才在某个不经意的时刻幡然醒悟。

有这样一个老农，他家祖祖辈辈生活在一片山地里，他们每天的工作就在田里耕种和劳作。让这个老农感到难过的是，在他的田地里一直横卧着一块巨石，除了占据很大面积的耕田，还为它们的耕种工作带了很多不便，甚至不止一次毁坏过他们的犁头。

很小的时候，老农就曾经问过他的长辈，为什么不把这块石头移到别的地方去，让耕种更加方便。但是长辈们告诉他，这块一直都躺在田里，大家都已经习惯了，并且希望他也能习惯。

多年以后，老农果然习惯了这块巨石的存在，一直让它安静地躺在田地里，尽管它仍然给老农的耕种工作制造着很多麻烦。有一年，老农又一次带领家人开始新一季的播种，由于年轻的孙子不熟悉情况，犁头再一次被巨石碰坏。于是，像多年前的老农一样，孙子也向他问了同样的问题，为什么不把这块石头移出耕田。

听到孙子的提问，老农忽然想到了自己多年前的想法，于是，他并没有像祖辈那样教导自己的孙子习惯巨石的存在，而是当即决定动手移走巨石。结果让所有人都没想到，这块巨石不仅埋得很浅，很容易就被移到了别的地方，而且巨石下面还压着一眼清冽的泉水。

从此以后，老农一家不仅在耕田的时候少了很多麻烦，而且吃水浇地也再不用到很远的地方去挑，从而无比幸福美满地开始了新生活。当老农再想起祖辈们的习惯和自己的麻痹大意，总是会免不了一脸苦笑，并不忘教导自己的子孙，遇到矛盾要想办法立即解决，千万不能一再拖延，误人误己。

我们应该谨记，拖延极易成为一种恶习，一旦我们在面临某事时选择了拖延，就会无限期地拖延下去，而且是时时拖延、事事拖延。如此一来，即使我们拥有诸多资源，并且占尽各种优势，最终也难免会遭遇失败的结局。而且从精神层面来讲，拖延也会给我们造成极大的心理负担，因为当我们选择拖延时，实际上已经意识到眼前的事情该做，但最终却因为一时的懒惰而没有做，如此内心当中便自然会产生焦虑情绪。而且这种焦虑情绪自身就具有催化作用，一旦形成，就会时刻不停地侵蚀我们的内心，让人永远不得安宁。

如果我们能够改掉拖延恶习，便不难发现，如果我们把该做的事情都做了，虽然身体上可能是疲劳的，但心理上却是非常轻松和愉悦的。但是倘若我们把该做的事情顺势拖延了下来，虽然能够得到一时的轻松，到头来却只能落得个身心俱疲的下场，于精神层面也只能是懊悔不已。因此我们必须充分意识到，拖延是对生命的浪费，是对时间的挥霍，虽然在拖延过程中我们会感觉时间过得很慢，甚至感觉自己很忙碌，但是最终当我们真正冷静下来的时候，就会发现其实自己什么都没有做。

拖延和懒惰往往能够“狼狈为奸”，如果我们选择了拖延，就会纵容自己的懒惰，而我们一旦纵容了自己的懒惰，拖延的恶习也会越来越严重，从而陷入无法自拔的恶性循环。所以，当我们在现实的生活和工作中遇到矛盾时，一定要想办法立即将其解决，并且最好能够彻底将其解决，从而保障不留后患。万不可因为各种看似合理的借口而选择一拖再拖，直到再也无法解决才后悔莫及。

2.巧解人际矛盾，既要靠自己也要靠领导

俗话说："求人不如求己。"但是毕竟"人力有时而穷"，当我们做了自己所能做的所有事情后，如果我们预期的结果仍然是不可控的，而且在取得领导的帮助后能够有明显改观，那么我们应及时选择寻求领导的帮助，同样不失为一种可取的方法。当然，我们在请出领导帮忙之前，还要注意很多事情，比如不能让我们的矛盾对象认为我们是在打他的小报告，或者认为我们是在以权压人等。而是要全面理清我们与矛盾对象之间的矛盾，然后利用领导的权威和经验来帮助我们化解矛盾，并最终保障自己能够营造一个良好的人际关系，而不是多出一个"仇敌"，多出一个麻烦。

当然，领导要顾及的事情是方方面面的，不可能随时为我们的事情帮忙。因此，我们在遇到工作矛盾问题时，首先想到的还是应该自行解决，实在解决不了再请示领导。尤其是当我们担任一些初级管理工作的时候，我们在工作中需要处理的各类矛盾会陡然增加，或者说我们的工作内容就是处理各类矛盾。在这种情况下，如果我们将所有矛盾都推给领导，那么我们的工作意义也就荡然无存了。

此外，我们虽然可以在能力或职权受限的情况下请求领导帮助，但是绝不能将此视为传统意义上的"请领导做主"。否则，我们不仅无法得到领导的帮助，反而可能受到领导的批评。那么，在真正寻求领导帮助之前，我们应该考虑哪些事情呢？首先，当我们在工作中与人发生矛盾时，必须具有客观合理的认识，绝不能把目光仅仅盯在自身的利益上；其次，我们在寻求领导帮助之前，必须和矛盾对象进行充分沟通，至少不能背着对方去寻求领导帮助，从而保障矛盾不会被激化；最后，如无特殊情况，同样的矛盾不宜第二次寻求领导帮助，否则我们的工作能力就会在领导眼中大打折扣。

高游是中青旅的一名年轻导游，参加工作一年以来，他以积极的工作态度和勤恳的服务热情赢得了顾客和同事的好感。为了让更多的员工向高游学习，领导曾经不止一次在大会上表扬高游，并将他提拔为部门主管。

但是在光鲜的表面背后，高游也有很多难言之隐，其中最让他感到吃力的一点，就是公司调度的不合理。这种不合理所导致的一系列额外费用，都要由导游个人承担，高游作为部门主管当然首当其冲。比如各大旅游景区都会有固定的闭门维修日期，如果公司计划游客在这个时间内到该景区参观旅游，导游就只能推迟或者更换时间带领游客前去，由此就会产生超支费用，而这部分费用要导游承担。

为了避免类似的事情发生，高游曾经不止一次找到调度部门，希望对方能够充分了解旅游线路问题，不要总是出现超支现象。但是调度部门有调度部门的理由，每次高游前去交涉，对方都会给出一大堆借口，并且口口声声表示，他们已经在关注高游反映的问题，但说过之后，情况根本就没有得到任何好转。

由于高游和调度主管隶属于平行部门，相互之间没有强制命令的关系，因此高游只能不厌其烦地找到对方进行沟通和交涉。然而时间越久，高游就越是感觉到凭借他的个人努力，这个矛盾已经无法得到化解，于是在征得调度部主管的同意后，二人一起将矛盾反映到了上级领导处。

后来经过领导确认，公司在部门主管的权限分配上确实存在一些弊端，为此公司很快进行了系统地调整，最终使得困扰高游的矛盾得到了合理解决。

我们应该知道，任何一家公司的管理制度都不可能尽善尽美，即使领导也会时不时出现一些工作失误。面对这种情况，如果我们的个人努力已经达到极致，寻求领导的帮助来解决矛盾，其实已经成为唯一的选择，也是最直接和最有效的方法。但是在寻求领导帮助以前，我们还是应该提前考虑方方面面的关系，就像高游那样，即使将双方的矛盾上报领导，也要征求对方的同意。试想，如果高游没有征求对方的同意，而是将问题直接上报领导，那么即使他反映的矛盾足够客观，也会受到领导和调度部门主管的双重猜疑，事情不可能如此顺利地得到解决。

我们在面临生活和工作中的各类矛盾时，也应该具备相同的思想认识，即我们所采取的任何应对措施，都必须是有利于矛盾解决的，而不是一时性起，做出一些无助于矛盾解决，甚至是激化矛盾的行为。有了这样的认识，我们就可以游刃有余地处理好各种生活和工作矛盾，哪怕侵犯了矛盾对象的利益，也不至于遭到对方的怨恨。如此，我们就能够营造出良好的工作氛围和人际关系，为自己的职业发展和事业成长奠定基础。

如果我们本身就是一名领导，那么对于下属之间的各类矛盾，则必须要有先知先觉的能力。就矛盾而言，实际上有很多都是隐性的，在平时根本就不会显现出来。但是如果我们不能对此有足够充分的认识，等到矛盾爆发的时候很可能已经是不可控的了，即使作为领导出面也无济于事。而如果我们只是一名普通员工，同样应该警惕这样的隐性矛盾，在自己的生活和工作中，哪怕再小的矛盾也要及时解决。如果受各种原因限制，矛盾的解决超出了自己能力范畴，则需要及时找到领导寻求帮助，切不可任由矛盾发展。

3.

勇于担当责任，不要总是选择逃避

既然我们选择了参加工作，就意味着我们选择了一份属于自己的责任。如果我们在工作中出现问题时总是自觉或不自觉地埋怨别人，实际上就是对这份责任的推卸，如此我们不但无法完成自身的成长，也会把自己的人际关系搞得一团糟。面对工作责任，只有勇于担当，并且在出现矛盾和问题时首先从自身原因开始找起，我们才能成为一名合格的企业员工，就能够轻而易举地营造出和谐融洽的人际关系。

也许有些人曾经凭着借口成功推卸掉了一时的责任，从而免于承担本应承担的后果，但是我们必须要清晰地认识到，这样的事情绝不是值得我们庆幸的，而是必须让自己提高警惕。因为一旦我们对此产生庆幸心理，就会在下次遇到同样的问题时，仍然选择逃避和推卸责任的办法，并且从此养成逃避责任的坏习惯。如此一来，将难免受到同事和领导的厌弃，不仅会让自己的人际关系陷入一塌糊涂的境地，而且事业的成长和职业的发展也会失去希望。

对于责任的担当，我们可以学习美国西点军校的一条规定，以此来鼓励和警觉自己勇敢地去承担责任。这条校规的内容是：凡在该校学习和受训的学生，面对老师和教官的问题只有回答“是”或者“不是”的机会。保证一就是一，二就是二，永远没有中间地带的回旋余地，同时也没有寻找借口推卸责任的机会。如此一来，该是谁的责任就由谁来承担，该是谁的荣誉就由谁来享受，极大地调动了学生们承担责任和争取荣誉的积极性。

我们在现实生活和工作当中，也应该具备这样的思想认识，要么勇敢地去承担责任，获得属于自己的荣耀；要么选择逃避责任，甘愿成为懦夫。

确保自己永远都不要生出侥幸心理，既想着获取利益，又想着推卸责任。也许我们在面临挑战的时候会因为惧怕失败而选择逃避，但实际上这也是完全没有必要的，因为失败就是失败，失败不需要任何理由和借口。只要我们认清自己的不足，从失败中找到自己努力和学习的方向，从而总结出经验教训，失败完全可以成为我们走向成功的基石。而如果我们选择逃避，不肯正视失败，则永远无法走出失败的阴影。

艾克瓦里是坦桑尼亚的一名长跑运动员，在1969年墨西哥城举行的奥运会上，他成功地获得了自己的荣耀。不过艾克瓦里的荣耀却并不是因为他跑出了世人瞩目的成绩，而是因为他作为一名运动员，勇敢地担起了属于自己的责任。

比赛当天，艾克瓦里由于被其他选手冲撞，不慎撞到路边的栅栏，造成严重的腿骨骨折。按照惯例，艾克瓦里在这个时候完全可以退出比赛，但是他却没有这样做，而是一言不发地继续前行。

接下来，由于艾克瓦里受伤的脚只能轻轻点地，整个人也只能半跳跃着前进，观众的目光和摄像机镜头很快便掠过了他的身影，一些不明真相的人，甚至不知道他在干什么。但是艾克瓦里非常清楚自己在做什么，他忍着钻心的剧痛，深一脚浅一脚地“跑”向终点。

最终，当艾克瓦里再次步入赛场时，观众席上的人们早已散去，连裁判员和服务员都已经不知去向，赛场只剩下几个清洁工在忙碌着。可即使面对这种情况，艾克瓦里还是坚韧地向终点发起了冲刺，尽管在冲过终点后他就累倒在了是赛场上。

当时的艾克瓦心中五味杂陈，但是尽管体力透支，身体疲惫不堪，他的精神还是充满了轻松感。因为他担起了一名运动员本该承担的责任，无论成绩如何，他最终跑到了终点，并向终点发起冲刺。让艾克瓦里没有想到的是，他的全部举动都被一个人看在了眼里，这个人就是好莱坞大导演格兰斯潘。

带着一丝好奇和感动，格兰斯潘扶起了倒在赛场上的艾克瓦里，然后向他询问说：“比赛早已经结束，你又何必如此坚持呢？”

艾克瓦里却告诉格林斯潘说：“对于我来说，比赛才刚刚结束，至于比赛的结果，我只不过是打破了自己的最差纪录而已。”

其实，一旦我们选择了逃避，推卸责任就会成为一件再简单不过的事情，因为没有人不会推卸责任。但是如果我们的内心当中始终坚持承担责任，将没有什么事情是能够阻挡我们的，就像艾克瓦里那样，为了一名运动员的荣誉，为了自己祖国的荣誉，即使用一只脚也要坚持完成比赛。后来，格林斯潘以艾克瓦里为原型塑造了一个感人的荧屏艺术形象。在影片当中，格林斯潘安排了这样一段开场白：“战胜对手，我们只是赢得了比赛；战胜自己，我们才能成为命运的强者。”

实际上，对于那些勇于承担责任的人来说，他们根本就不会在乎胜败。在他们看来，只要担起了属于自己的责任，自己就是胜者。一个人如果能够真正并且持续承担起属于自己的责任，那么也许他会面临一时的失败，但是最终他必将得到自己的成功，甚至创造属于自己的辉煌。

因此，如果我们想要成为一名优秀的企业员工，就必须时刻谨记：逃避责任只能让我们成为弱者；承担责任，才能够让自己成就非凡。如果我们是一个勇于承担责任的企业员工，同事和领导也会对我们刮目相看，我们的人际关系必定可以无比融洽与和谐。至于那些可能产生的矛盾，则会因为我们的责任感而消解于无形，哪怕我们在工作当中有些地方做得欠妥，也会因为我们勇于承担责任的良好习惯，而得到同事和领导的谅解。如此一来，我们的生活又有什么道理不幸福，我们的事业又有什么理由不成功呢？

任何一个对自己职业发展有所期待的人都应该谨记，当我们选择逃避的时候，虽然可能一时可以苟且偷安，事实上却是在走向失败；而如果我们能够选择勇敢地承担责任，可能一时要面临巨大的痛苦和磨难，但是从长远角度来看，我们却是在逐步走向成功。所以，只要我们能够咬牙坚持到最后,成功必定会属于我们,出色的沟通能力与和谐的人际关系,也自然会降临我们的世界。

4.

将心比心,帮助别人就是帮助自己

古语有云:“己所不欲,勿施于人。”当我们意识到某件事会给自己带来极大的反感时,就需要提高警惕,千万不要让同样的事情发生在别人身上,尤其是因为自己的原因而发生在别人身上。否则,我们的行为就会招致别人的反感,使自己的人际关系陷入危机,各种矛盾也会随之陆续产生。同理,如果我们真心企盼某事发生在自己身上,那么我们也应该努力为别人去做这样的事。比如我们在需要帮助的时候,总是希望有朋友能够雪中送炭,那么当朋友需要帮助时,我们也要积极主动地献出关怀和帮助。

也许有人会说,对于一些关系比较亲近的朋友自不必说,但是对于那些萍水相逢或数面之交的朋友,我们也有必要拿出真心去对待他们吗?答案当然是肯定的。在此,我们可以把帮助别人分为三类:一种是损害自己的利益去帮助别人,比如在朋友遇到经济困难时,我们给予他经济上的支持;还有一种是根本不用付出任何代价地去帮助别人,也就是我们通常所说的举手之劳。但无论是哪一种情况,被我们帮助的对象都会对我们心存感激之情,如果我们一点儿帮助都不愿付出,那么我们的人际关系也就岌岌可危了。帮助别人,也等于为自己“攒人情”,让别人都觉得我们是可交的朋友,等到我们遇到困难和问题的时候,就会得到他们的帮助。

最重要的是,如果我们能够养成乐于助人的好习惯,就能够得到大家的欢迎，那么我们的人际关系自然就会和谐融洽。如此一来，我们和同事之间出现矛盾的几率也会小之又小，即使不慎出现矛盾，双方也能够保持克制和相互理解的心态，只要稍加沟通，就能够将矛盾顺利化解。久而久之，我们就会在团队中形成一定的凝聚力，同事们遇到什么困难都会首先想到找我们帮忙，我们有了什么困难，也会有很多人主动帮忙。在这种情况下，我们再去发展自己的事业，就可以保证收到事半功倍的效果。

张海成在大学毕业之后被分配到南京市商贸局工作，虽然他乐于助人的品质非常受人欢迎，但是他张扬的个性也为他积怨不少。一次不经意之中，他不小心得罪了一位来单位视察的领导，被列入了公司总部的黑名单。在此后长达三年的时间里，尽管他的业务水平已经完全可以胜任基层领导工作，张海成却一直在商贸局做一个小科员。

然而，是金子总会发光，张海成用他积极的学习和工作态度，以及乐于助人的高尚品质，很快在公司基层获得了大量人脉基础。虽然是技术工人，但张海成经常下车间和工人们接触，并从他们口中了解一线的技术使用情况，然后进行仔细的推敲和改进，从而切实帮助工人们解决问题。有些同事临时有事需要替班，他们总会在第一时间想到张海成，而且几乎每次张海成都会一口答应下来。

一次偶然的机会，忽然有外商找到厂里负责人，说是要定制一批高规格机器产品。厂里当时的技术还无法达到对方要求的规格，而且马上就要面临国庆长假，因此厂里领导商议之后决定放弃这单生意。由于积累了大量技术工作经验，张海成艺高人胆大，他经过认真计算，发现凭借厂里现有的技术，如果临时升级改造一下，再请出厂里最有经验的老师傅，外商的产品要求是可以满足的。

想到这里，张海成立即找到厂里领导说明了自己的想法，但是领导却兜头泼了他一桶冷水，因为领导也急着在国庆长假期间外出游玩散心。然而张海成已经在基层忍耐了太久，所以他并没有轻易放弃，领导见他一再坚持，最终给予了他一定权限，并让他自行召集人马。

这个时候，张海成平时积累的人脉终于显现出来，大家一听张海成需要帮忙，几乎没有任何犹豫。经过三天两夜的努力奋斗，一直没合眼的张海成终于向外商交出了满意的产品。那名外商接过张海成递给的样品后，惊讶得简直说不出话来，他实在没有想到，仅仅凭借眼前这些简陋的设备，以及张海成等一群朴实无华的工人，居然能够生产出如此完美的产品。

经过此事之后，张海成也被公司领导层发现，并很快开始对他进行培养，最终他成了厂里主要的技术负责人。

在我们帮助别人之后，也许总会担心别人不记我们的“情”，但是我们可以想一想，如果有人给予过我们帮助，即使我们嘴上什么都不说，难道内心当中会没有一点儿感激之情吗？因此，只要我们将心比心，必定可以得到别人的认可和感谢。当然，在我们帮助别人的时候，绝不能时刻想着别人的回报。因为一旦如此，别人就会把我们的帮助看做一种商品或交易，如此便不会对我们产生真心的感谢，当我们遇到困难的时候也无法得到真心的帮助。

此外，将心比心还体现在我们对矛盾的提前把握上，也就是我们在做某事的时候，会提前意识到这样做可能会与别人产生矛盾。如此一来，我们就可以有效避免很多矛盾，别人在意识到我们的礼让之后，也会对我们心生好感和敬佩，从而也会避免做一些侵犯我们利益的事情，这样便能够保障我们和同事之间的关系保持和谐与融洽。久而久之，当我们体会到将心比心的好处，并且充分掌握方法，就会自然而然地营造出良好的人际关系，从而使自己成长为一名优秀的企业员工。

5. 传递关爱，用温暖化解矛盾

古语有云："老吾老以及人之老，幼吾幼以及人之幼。"如果我们每个人都能够做到这一点，那么无论是在生活还是在工作中，我们的集体都将充满温暖，矛盾也会从此失去滋长的土壤，整个世界将充满和谐与融洽。但是在现实社会中，矛盾的产生又往往不可避免，尤其是在我们的工作中，会涉及太多的利益纠纷，更多的时候我们即使想要保持中立客观的态度也无法做到。如果一个集体中再多出一个自私冷漠的人，那么我们维持集体和谐与稳定就会难上加难。如果我们的集体中所有成员都是自私冷漠的，那么这个集体的内部环境也就可想而知了。

相反，在我们的生活和工作中也总能看到一些懂得真心关爱他人的人。面对这些人，即使我们的内心当中原本存在着一丝自私，也会不自觉地开始收敛并反思自己的不足，矛盾也会在无形中消解。而当我们去观察这些人时就会发现，他们无一不是朋友遍天下。如果我们也想让自己的人际关系变和谐，也要学会真心关爱身边的每一个人，从而避免矛盾产生。

陈梦乔是一名列车服务员，工作多年以来，她一直以微笑服务和热情服务受到乘客的好评。一次，列车在秦皇岛站停靠，陈梦乔像往常一样巡视列车。突然，一阵吵闹的声音吸引了她的注意力，她马上意识到是发生了异常情况，陈梦乔三步并作两步赶上前去。结果不看不要紧，一看吓了她一跳，刚刚上车工作不久的服务员张松，居然正在和一名乘客相互扭打。

然而，陈梦乔并没有在两个打架的成年人身边停留太久，因为一个坐在座位上大哭的孩子引起了她的注意。只见这个孩子双眼紧闭，满脸通红，两只小手也在疯狂乱抓着，再看看座位上的水渍，陈梦乔立即意识到这个孩子被烫伤了。陈梦乔立即打电话叫来了医务员，处理孩子的烫伤。

刚刚扭打在一起的两个成年人眼见如此，也都停了下来.乘客显然是孩子的父亲，他一面向陈梦乔投来感谢的目光，一面开始照顾孩子。接下来，孩子在医务员的处理下很快脱离了危险，陈梦乔终于松下一口气，并立即起身了解情况。

原来，被烫伤的孩子的父亲在泡了一包方便面后，忽然想去洗手间。于是便麻烦刚好巡视过来的张松帮忙看护孩子，但是由于去洗手间的人太多，这位孩子的父亲花费了很长时间。张松因为有任务在身，便把孩子委托给了一位乘客，可惜这位乘客毫无责任心，这才导致了孩子被烫。

而事实上，泡面的水温已经降低，孩子也根本没有大碍。不过毕竟爱子心切，那位父亲见孩子大哭不止，立即追上张松理论。张松当时也以为孩子被烫坏了，但是回来一看根本没有大碍，于是便敷衍起来，如此才导致矛盾的产生和激化。

陈梦乔了解情况后，立即要求张松郑重道歉，孩子家长将陈梦乔一系列举动看在眼里，也早已消了气。如此，陈梦乔才用对孩子的关爱化解了一场矛盾，同时也用真情温暖了在场的每一位乘客。

其实，很多时候我们并不是没有能力化解矛盾，甚至已经意识到了矛盾的产生是因为自身原因所致，但就是因为不愿承认自己的错误，从而导致矛盾的进一步激化，等到我们意识到问题的严重性，再想回头道歉已经为时晚矣。为了避免这类情况发生在自己的生活和工作中，我们遇事要多从别人的角度思考，用真情温暖他人。

我们在关爱他人的同时，也是一种对温暖的传递，人世间需要真情关爱，只要每个人都舍得将自己的善举奉献出来，人与人之间就不会有那么多的矛盾纷争。就像黑夜中点燃一支火柴，温暖别人的同时，也温暖了自己。仅仅是举手之劳，有时就可以使别人受益，我们又何乐而不为呢？让我们努力做那个“赠花的人”，关爱别人，分享快乐，这样每个人都会“手有余香”。

第十章

敬上礼下：敬上礼下是构建和谐人际关系的一个重要“法宝”

1.

处理不好与领导的关系，就不会干好工作

身处职场之中，我们每个人都免不了和自己的上级打交道。不论我们是公司最基层的员工，还是“一人之下万人之上”的公司副总，能否处理好与上级之间的关系，都将直接或间接影响我们的职业发展。也许有人会说：“处理与上级之间的关系还不简单，只要踏踏实实地工作，认真负责地做事就可以了。”在此我们应该清楚，如果处理与上级的关系如此简单，那么每个人就都可以成为领导了。如果处理不好同领导的关系，那么我们很可能会面临工作的困境不利于自身职业发展。

不过，对于每一个有志于职业发展的企业员工来说，处理好与领导相互之间的关系，也绝非一件不可能的事情。只要我们认清自己，并对老板的性格习惯和行事风格有所了解，就能够准确把握问题和矛盾的解决方法。如此，我们不仅能够更好地完成工作，还能够得到老板的赏识甚至重用，从而为自己的职业发展奠定基础。

大连美安是一家中型进出口贸易公司，由于 2012 年公司效益不错，老板决定组织员工到日本旅游。但是与此同时，老板对个别员工也心存不满，因为他们在工作当中的积极性都不高，为公司创造的效益也有限。最终，老板决定按名额组织这次旅行，这也就导致了全公司会有 15 个人无法参加此次活动。

然而作为员工，谁也不认为自己的工作积极性不高，因此都抢着要参与此次旅行,这可难坏了夹在员工和老板之间的部门经理。为了解决矛盾,运营部经理首先找到老板索要名额。老板一下就火了,他对运营经理说:“你向我要名额,我还想找你要名额呢!既然你们部门只差一个名额,我看你这个当经理的就不要去了!”

之后还有几个部门经理找到老板,同样提出了类似的要求,他们得到的也都是同样的回答。这样的僵局一直到市场部经理出面找老板谈话才终于被打破。市场部经理找到老板说:“老板,听说您要组织大家去旅行,看来咱们公司今年的效益还不错,我和公司所有同事都替您高兴。”

老板听到这些心情略微好了些,一改严肃的表情说:“今年的成绩确实还可以。”

市场部经理继续说:“您能在第一时间想到奖励员工,我是代表他们谢谢您的。”

老板说:“这个不用说,只要大家努力,我自然不会亏待你们。”

市场部经理说:“我知道,您这次之所以卡住旅行名额,就是因为个别员工不积极,想以此警告他们。但同时我也很担心,这样会不会让他们自暴自弃,在工作中更加消沉,说不定到时候还会影响其他同事。”

老板心里一动,同时也了解了市场部经理的来意与其他部门经理无异。但是经过再三思索,他还是同意了市场部经理的意见,让所有员工都参加此次旅行。

我们应该知道,无论领导作出了什么样的决定,都一定是因为有了他自己的想法。而如果我们想要改变老板的决定,首先就要知道老板是怎么想的,从而顺着他的思路去寻找解决问题的方法。如果我们只是单纯从自身出发,并且直接把矛盾抛给领导,那么必然会让老板不高兴。在此,我们必须时刻谨记,无论我们是基层员工,还是高层领导,都有属于自己的责任需要承担,而不是有了责任直接推给上级。否则,我们不但会因为不听从领导的命令而招致其不满,还可能会给领导留下工作能力不足的恶劣印象。

因此,只有了解领导的类型才能投其所好,给领导留下好印象。在现实的职场生活中,我们能够见到的领导大概可以分为以下几种类型:

(1)绝对服从型。这类领导对于上级领导从来都是唯命是从,上级说往东,他们绝不往西看一眼;领导说煤球是白的,他们就想办法让煤球变白;领导说公鸡能下蛋,他们就说明年公司就准备引进这个新品种。总而言之,他们就是领导的传话筒、扩音器,永远跟着领导的指挥棒在转。如果我们遇到这类领导,那么从某种程度上来说也算是一种幸运,因为只要我们也绝对服从他们的领导,便从此万事大吉了。

(2)投其所好型。这类领导善于对上级察言观色,属于绝对服从型的升级版,当然他们得到上司的青睐通常也会比较多。因为最高领导毕竟不是什么想法都能当众表达的,因此必须要有一些懂得他们潜台词的下属,这类领导通常就扮演类似角色。如果我们遇上这类领导,工作起来就要花费一番心思了,因为这类领导基本都喜欢“打哑谜”,对于我们来说,谁“猜对了”谁就能平步青云。

(3)好好先生型。这类领导通常在工作上能力平平,但是我们千万不要小看他们的人际关系网,尤其是一些资历比较老的领导,很可能他们在公司中的活动能量是最大的,即使是他们的上级领导,也可能要靠他们得到职务。如果我们遇到这类领导,需要学习的东西就太多了,因为他们的功夫基本都是“混”出来的,倘若我们想要成就一番事业,就没必要跟在这类领导身边浪费时间。

(4)精明强干型。在一家公司当中,既然有好好先生,自然也少不了精明强干者。这类领导通常在公司当中承担“救火队员”的角色,基本上哪里有需要就往哪里去,时不时还要被其他类型的领导暗地里算计一下。如果公司最高领导不够明智,他们的下场大多会与岳飞类似。道理很简单,既然大家“同朝为臣”,如果“你”表现得太抢眼,那么也就显出了“我们”的无能。当我们遇到这样的领导时,也没有必要太担心,因为他们在职场上摔打几次之后,大多会走上自主创业的道路,只要我们能够赶上他们前进的步伐,职业发展同样会一片光明。

当然,我们在职场中遇到的领导类型还可能有很多种。但是我们必须相信,无论遇到哪一种类型的领导,实际上都存在一种与之有效沟通的方法。我们需要做的事就是找到并掌握这种方法,从而保障自己和领导之间的关系能够处于和谐与融洽的关系之中。

2. 巧妙对领导说不,千万不能伤了领导的"面子"

作为一名优秀的企业员工,我们虽然不能对领导的决定一味盲从,但是也绝不能处处和领导唱"对台戏",好像我们比领导还要英明似的。即使我们逼不得已一定要对领导说"不",也必须要保证做到足够婉转,千万不要伤了领导的面子,让领导下不来台。否则,即使领导当时表现得非常"大度",并没有立即对我们采取什么不利的举措,等到事情过去了,领导觉得时机成熟了,我们还是会"死"得不明不白。

而且我们在此必须考虑到一点,那就是领导考虑问题通常都会比较全面,很可能为了大局的利益,他们不得不考虑牺牲局部利益。在这种情况下,如果我们不幸正处于被牺牲掉的局部利益当中,也千万不能认为自己是牺牲品。道理很简单,每个领导心中都有"一杆秤",如果我们牺牲了自己的利益而成全了集体的利益,那么从某种程度上来讲,我们也是成全了领导的利益。如此一来,领导就会对我们心存感激,我们能够因此而在日后得到的利益,一定会比失去的多得多。

因此,不管到了什么时候,我们都不要轻易对领导说"不",更不能伤了领导的面子。哪怕领导真的做出了一些错误决定,我们也必定能够找到一些兼顾他们面子的话去劝说。总之,我们要把老板的面子放在第一位。否则,一旦我们伤了老板的面子,就可能让老板对我们心存怨恨,最终对于问题的解决也根本无济于事。如果我们不慎违背了老板的意思,甚至产生了矛盾,则必须尽快和领导进行有效沟通,尽快表明自己的真实意愿,必要的时候还要及时"承认错误"。如此我们才能得到老板的认可,我们的建议也才能够得到老板的采纳。

公元前226年,赵国国君驾崩,太子继承王位。但是由于新国君年纪太轻,朝政暂且由赵太后代理,一时间国内各种势力风起云涌,动荡不安。在这种情况下,始终想着一统天下的秦国出兵发难,一举攻下赵国三座城池。眼看着赵国的门户就要洞开,国家社稷也到了生死存亡之际,赵太后见此只得向齐国求助,而齐国却要求以赵太后的幼子长安君为人质,才肯出兵救援。

虽然身居重位,但是毕竟爱子心切,那些劝说赵太后同意齐国要求的大臣通通被她骂了出去,并警告说,再有进言者,就会朝他们的脸上吐唾沫。如此一来,便再也没有大臣敢进言了,赵国也眼看着就要被秦国灭亡。

关键时刻,触龙挺身而出,并在大殿与赵太后展开对话。不过他却并没有直接提及齐国的要求,而是从赵太后生活琐事谈起,从而成功消除了赵太后的抵触心理。然后又以为儿子"谋事"为由头,精准地扣中了赵太后的心门,得到她的共鸣。接下来,触龙又引出赵太后的女儿燕后,并且以事实表明了自己对赵太后的理解,以此来进一步拉近和赵太后的心理距离。最后,触龙也对赵太后的子女教育给出了中肯的建议,从而顺其自然地引出了让长安君到齐国做人质的建议。

在这种情况下,赵太后也不得不同意触龙的想法,于是忍痛割舍母子之情,勉强同意了齐国的请求。而长安君到齐国做人质后,齐国也如约出兵,秦国见此情形,便只好收兵回国了,赵国因此而幸免于难。

试想，如果触龙也像其他大臣那样，张口就和赵太后说国家大义、利益取舍，那么他也可能会被赵太后“轰”出去，接下来赵国的命运也就不堪设想了。对于身处现代职场中的我们来说，也要在做事的时候讲求方法，对领导说“不”时尤其应该如此。当我们想要改变老板的想法和做法时，必须要顾及他们的面子，保证我们与领导的关系和谐。在此基础上，我们才能让他们准确了解我们的建议，最重要的是能够保证他们接受我们的正确建议。

在各类书籍和影视作品中，我们常听说“忠言逆耳”一类的话，被灌输了错误的思想。其实，“忠言逆耳”是对于听取者的警诫，或者说是对领导者的警诫，是让他们在听到“逆耳”的忠言时能够心平气和，顺利接受。而对于我们提出“忠言”的人来说，其实绝不是非要“逆耳”不可，而是完全可以说得“顺耳”，说得舒心。

所以，对于身处现代职场中的我们来说，同样没有必要对领导说一些不中听的话，不管我们的话有多么中肯。哪怕领导的做法真的有问题，我们也要想尽办法旁敲侧击，在不伤领导面子的情况下，再考虑如何表达自己的建议。每个人都非常看重自己的面子，尤其是比我们身份地位高的领导，如果在我们口中说出他们的不足，哪怕他们立即就意识到了这种不足，并且马上表示会改正，实际上也绝不会对我们心存好感。如果想让领导能够听取我们的建议，同时又能对我们心存感激，就必须充分顾及老板的面子，巧妙地对他们说不。

3.

赢得领导好感，才能职场得意

得到领导认可，我们首先需要做到的一点就是学会取悦领导，要懂得适当地恭维领导，也就是我们常说的“拍马屁”。所谓“千穿万穿，马屁不穿”，这个世界上没有人不喜欢听好话，只要我们能够掌握好恭维的方法，得到领导的好感绝非一件难事。此外，适时表现自己也是赢得领导认可的好方法，而且这里所说的表现不仅限于工作上，在其他任何可以让领导看到的方面都可以。但是我们也要注意一点，表现归表现，目的仍然是为了取悦领导，决不能为了表现自己而抢了领导的“风头”。最后，良好的同事关系同样重要，这不仅关系到我们和同事之间能否和睦共处，从而相互帮扶。如果我们和同事之间关系恶劣，也会被领导看在眼里，再加上一些同事的“小报告”，那么我们将很难得到领导的欣赏。

对于取悦领导，我们完全没有必要认为这是一种“奴才”的心理和行为，因为这只是我们保障职场环境和谐融洽以及自身事业顺利发展的科学方法。对此，管理学家甚至提出了“向上管理”的概念，并且把赢得领导好感视为最重要的一环。当然，我们在和领导搞好关系的时候，绝不能停留在“嘴皮子”功夫上。而是要时刻谨记，领导都不是“吃干饭”的，如果我们只是一味地溜须拍马，却拿不出一点儿真才实干，不能对工作认真负责，即使能够立足职场，也不会得到老板的重用。

认真负责当然是我们面对工作的基本态度，但是我们同时也必须认清一点儿，我们之所以要认真负责地完成工作，从根本上来讲，还是因为我们想要得到领导的认可，从而为自己的职业发展奠定基础。如果我们认真负责地完成了工作，却未能得到领导的认可，则只能面临“费力不讨好”的尴尬局面。因此，除了认真负责地面对工作以外，我们还要对自身其他方面多做关注和努力,确保自己能够全方面、立体式地得到领导认可,保证职业发展的顺利进行。

刘纯是一名热情外向的职场女性,参加工作不久便基本掌握了和领导打交道的方法,因此,一直以来她的职业发展都顺风顺水。

2012年7月,公司业务转型使得人事发生大变动。刘纯眼见这是一次提升自己的机会,于是主动请缨,调到了向往已久的市场部门。但是还没等到开展工作,刘纯和新领导的关系便出了问题,于是她把目光转移到了新领导身上。

接下来,在对新领导进行简单地了解后,刘纯知道自己的形象是领导不满的原因之一,于是决定改变自己的个人形象。她不仅改变了自己的着装风格,还剪掉了漂亮的长发,但是让她感到困惑的是,这位领导好像对她仍心存芥蒂,始终不愿对她敞开心扉。面对这种情况,刘纯立即改换了思路,转而开始了解新领导的业余生活。

很快,刘纯发现新领导喜欢插花艺术,这也让她找到了接近领导的突破口。对于插花,虽然刘纯从来没有了解,但是她利用一个月的业余时间进行突击学习,还是掌握了基本的技巧。于是,在一节插花课上,刘纯和新领导“不期而遇”了。

由于刘纯一项热情外向,在以插花为切入点后,她与新领导的交流很快“破冰”。整个交流过程中,刘纯毫不掩饰地展示了自己对于插花艺术的生疏,但同时也表现出了对插花的喜爱,并且在得到领导的指点后,恰到好处地送上了对领导的恭维。

由于谈得比较尽兴,刘纯在课程结束后,顺势向领导提出了吃饭的邀请。领导开始还觉得有点儿不好意思,但是禁不住刘纯盛情邀请,最终还是同意了。到了饭桌上,气氛就完全不一样了,在喝了点儿酒之后,领导已经基本消除了对刘纯的心理距离,话题也从工作到家庭,最后顺利过渡到了女人的话题。

在此之后，新领导便对刘纯产生了好感，再加上刘纯的工作能力也很出色，她的职业之旅也就此开始了飞速发展。

众所周知，在一家企业当中，可能有千千万万的员工，但是领导却不多，尤其是能够对我们的职场命运起决定性意义的大领导，很可能只有一人。在这种情况下，除非我们的工作能力非常出众，并且能够达到万里挑一的卓越程度，否则我们的努力恐怕还是要被埋没在众多同事的竞争之中。如此一来，我们想要通过认真工作来赢得老板好感和认可的想法，也就显得有些天真和乏力了。接下来，及时调整思路，正确面对职场竞争，才是我们应该着手去做的事情。

除了学会恭维领导以外，我们还需要简单了解一下赢得领导好感的必备方法，具体内容可以参考如下几点：

(1)遇到领导要热情微笑，并主动打招呼。一个简单的招呼不过是“开口之劳”，再没有什么事情是比这个更简单的了，尤其是作为一名普通员工，见面打招呼是我们和高级领导交流的重要机会，同时也是让自己赢得领导好感的最佳方法。在此我们要记住，打招呼时动作和声音不要太夸张，更不要太突兀，最好在平时就养成遇人打招呼的习惯。

(2)服从领导的安排。这里所说的服从当然不是盲从，而是一种客观合理的执行。应该说，领导之所以成为领导，至少在工作中是能够指导我们的，尤其是对于一些初级员工来说，服从领导安排永远都是进入职场的第一课。每个人都有不一样的想法，对于各项工作的见解当然也有不同，如果仅仅因为意见不同而“得罪”领导，那么这将可能成为我们职场生涯中最大的败笔。

(3)视帮助领导为帮助自己。领导如果想要“帮助”我们，实际上是非常简单和容易的，但前提是我们必须要给领导一个“帮助”我们的理由。因此，如果有一天老板需要我们的帮助，即使是工作以外的事情，我们也必须全力以赴，因为得到领导的感激就等于得到了工作中想要的一切。所以，如果我们在工作中和领导的关系陷入僵局，就要主动创造一些能够帮助老板的机会，借此来打破僵局。

(4)摸清领导的底细。对于大多数员工来说，我们当然没有必要完全摸清老板的底细。但是，如果我们想要得到领导的青睐，对其进行一个基本的了解还是有必要的，尤其是对于一些领导个人比较关注的细节、禁忌和爱好等。如果我们能够在这些小事上得到领导的认可，那么至少也能为我们和领导之间的关系更进一步而奠定基础，对于我们的职业发展当然是有百利而无一害。

(5)照顾领导的面子。是人都会要面子，中国人尤其如此，领导更甚。因此，无论是在工作还是在生活当中，领导的面子都绝不是我们能伤害的，而恰恰是需要我们拼命去维护的。与此同时，维护老板的面子，还包括为领导脸上贴光，比如光彩轻松的事情尽量往领导身上推，丢脸辛苦的事情则要尽量往自己身上揽。

4. 科学批评下属，永恒不变的领导艺术

作为一名企业领导，最重要的是做好管理工作，从而保障企业的正常运转。而无论到了什么时候，员工都是帮助我们达成这一目的的基础，如果失去了员工的支持，那么即使管理工作能够勉强继续，恐怕也会遇到诸多阻力。因此，作为上级，我们必须搞好与下属之间的关系，即使是对他们进行批评，也要保障他们能够心悦诚服，如此才能避免管理工作处于高压之下，这就要求我们必须掌握如何批评下属的管理技巧。

古语有言：“金无足赤，人无完人”，尤其是对于一些刚刚进入公司的新员工来说，在工作中出现错误总是难免的。只要他们犯的错误不至于触犯公司原则性规定，我们就没有必要对他们进行严厉的批评，而是要更多的进行引导和帮助。任何员工都是有羞耻心和上进心的，只不过因为“当局者迷”的原因，他们需要我们及时地纠正。我们要明白，批评下属的最终目的是为了帮其改正错误，而不应该以其他任何目的去批评，比如为了发泄个人情绪、为了显示领导威严、为了报私仇等。

然而对于很多领导者而言，批评犯错的员工时却完全没有这样的认识，他们不会顾及员工的尊严，上来就是一通劈头盖脸的批评，甚至辱骂。可想而知，对于这样的领导，即使他们的员工确实犯了错误，恐怕也不会因为他们的批评而产生更加深刻的认识，而且还可能心生怨恨，并因此导致更严重的错误。

总之，对下属的批评方法一旦失当，不仅会造成不良的后果，同时也是领导者的失职。那么，在具体的职场生活当中，我们又该如何具体掌握一些批评下属的方法和技巧呢？具体可以参考以下几点建议：

(1)对事不对人。很多领导喜欢翻旧账，一旦有下属犯错，就会把他之前犯过的所有错误从头数落一遍，并“得出结论”——该下属已经无可救药。对于领导者而言，这样的批评方法无疑是管理的大忌，因为被批评的下属很可能已经改正了错误，而领导却非要揪住已经过去的事情不放，重新“揭伤疤”，必然会引起他们的反感。如此一来，对于员工当前错误的解决，自然会非常不利。所以，领导在管理工作中必须做到“一事一批评，一人一批评”，只要下属已经意识到了自己的错误，那么我们就应该点到为止，而绝不能先入为主，在内心当中彻底否定一个人后，再去批评他。

(2)批评之前做一些铺垫。这是为了尽最大可能消除员工的抵触心理，因为很多员工在做错事之后，并不是不愿承认，而是根本就没有意识到自己的错误。面对这种情况，我们首先必须让他们意识到自己的错误，并且给他们留出反思的空间，让他们对我们的批评有个心理准备，如此便能够比较容易地接受我们的批评。如果员工还没有搞清楚状况，我们就开始一通“狂风暴雨”，不仅会让他们摸不着头脑，还可能引起他们的言语反击。如此一来，不但不利于他们改正自己的错误，领导的管理工作也会在无形当中加大难度。

(3)批评下属最好不要当着别人，更不要当着众人。对于任何一个人来说，如果他意识到了自己的错误，又是单独和领导相处的情况下，承认错误是很容易做到的。但是如果有第三者甚至很多人在场的话，那么想要让一个人承认自己的错误，难度就会增加。这个道理很简单，每个人都要顾及自己的面子，向领导承认错误没什么，但如果是当着别人，就变成了丢面子。因此，即使我们必须当着众人批评某个下属，也应该事前让他对自己的错误有一定的认识，如此会让他们接受得更容易一些。而如果我们事前什么都不说，直接让他们当着别人或众人承认错误，那么对于他们改正自己的错误来说，当然有百弊而无一利。

(4)给出改正建议。职场生活中，有些员工在意识到自己的错误之后仍然无法改正错误，这个时候往往也是领导者最愤怒的时候。因为既然他们已经意识到了自己的错误，也承认了错误，并表示自己会改正。但是现在又犯同样的错误，很多领导就失去了耐性，甚至失去理智，对他们大发雷霆。但是也许我们应该冷静下来想想，员工之所以在这种情况下仍然会继续犯错，很可能是因为他们根本就不知道该怎样去改正。为了避免这种情况的发生，我们有必要给那些犯错的员工一些纠错的建议，以确保他们不会因为如何改正错误而陷入迷茫。

(5)做好后续监察工作。这里主要指的是那些经过批评及时改正错误的员工，对于这些员工，我们不能丝毫没有反应，而是应该给出一个鼓励的、表扬的、积极的回应信号。比如我们可以找个时间把他们叫到办公室，然后告诉他们：“这段时间以来表现不错，继续努力的话会有更大的进步。”这能起到加强员工改正错误的效果。相反，如果我们对他们是否改正错误不闻不问，很可能会让他们对犯下的错误无法形成足够的认识，从而导致重复犯错的现象发生。

总而言之，我们批评那些犯错的员工，说到底是为了帮助他们认识并改正自己的错误，并以此来完成自己的管理工作，而不是将犯错的员工“一棍子打死”，或者要把所有“不听话”的员工全都踢出自己的团队。试想一下，如果员工都能够不犯错，那么还要管理者有什么用呢？古语有云：“有治人，无治法。”说的就是管理工作的关键在于管理者本身，而非被管理者的道理。所以对于我们来说，如果管理做得不好，绝不能把所有问题都推到犯错下属的头上，而是更应该进行自我反思，尤其应该关注自己批评员工的方法是否可取。如此才能与员工之间保持有效沟通，从而建立和谐的上下级关系，并且最终使公司整体的工作环境变得和谐融洽。

5. 对待下属要懂得恩威并用

孔子早就说过："唯女子与小人难养也，近之则不逊，远则怨。"也就是说，小人和女子是我们最难与之相交的，因为如果我们和他们过于亲近，他们就会对我们不恭不敬；而如果我们刻意地疏远他们，又会听到他们的抱怨。其实，我们在生活和工作中与人交往，又有哪个人不是这样呢？这就要求我们在与人交往的过程中，必须要时刻掌握好度。所谓不远不近、若即若离，如此才能保持一个和谐融洽的交往关系。进入职场之后，对于管理者来说尤其如此，而这个"度"的把握，就是"恩威并用"。

日本松下电器总裁、著名管理大师松下幸之助曾经说过："恩威并用是永恒不变的管理艺术"。作为修为，我们首先要让员工喜欢我们，因为作为领导，我们负责的主要还是管理工作，实际的产品制造则还是要由员工来完成。因此，我们的所有工作都要以促进员工的工作效率为目标。不难想象，如果所有员工都对我们心生怨恨，那么工作效率自然得不到保障。对此，很多大企业也在提倡避免层级矛盾，消除对立情绪，从而保证企业内部的和谐融洽。身为领导者，我们也只有让员工都喜欢上自己，才能顺利进行管理工作。

在此基础上，我们还要建立自己的威严。威望的来源主要有两个方面：一是手中的权力，二是与权力相符的能力和品质。而最重要的无疑是第二点。权力是更高一级领导赋予我们的，而个人的能力和品质则只能靠自己去修为和提高了。因此，如果我们想要成为一名优秀的管理者，那么首先必须成为一个能力卓著和品格非凡的人，这就要求我们必须努力提高自己的工作能力和管理能力，然后用自己的能力做榜样，引导下属完成工作，从而树立自己的威望。

杰克·韦尔奇是美国通用电气公司董事长兼总裁。从1908年只有两个人的小公司开始，他通过六百多次的并购，利用二十余年时间，把公司经营成为世界上最著名的汽车品牌之一。而谈起自己的成功秘诀，杰克·韦尔奇总是说：“我所做的事情其实不过是管理员工。值得庆幸的是，我好像做得还不赖。”

至于为什么能够将管理工作完成得如此出色，杰克·韦尔奇给出了一个形象的比喻，他说：“管理员工，就像是管理一棵小树。你想要让这棵小树成活并且成长，就要敢于给它施肥和浇水，并且精心照料。但是这还远远不够，因为一棵树要想长高、长大，还必须剪除一些不必要的枝丫。”

就是凭借这样的管理观念，通用公司不仅一路发展壮大，而且一直到今天仍然傲立于世界汽车品牌之林。

其实，如果将杰克·韦尔奇的管理经验总结成四个字，无非就是“恩威并施”四个字。也就是说，我们在树立自身威信的同时，也不要忘记多施恩惠，要时刻提醒自己抓住每一个表达善意的机会。

而对于职场当中的领导和员工来说，领导下达命令，下属执行命令，看似合理的一个流程，实际上却需要太多的东西进行维护。作为领导，如果我们想要让员工紧跟自己的步伐，光有威信还是不够的，更重要的是，我们必须要对员工适当地施以恩惠。比如公司组织了一次旅行，结果预定人数比实际参与的人数多出几个，这个时候，我们就可以看看哪个员工有带家属参加的意愿，然后把名额转给他们。这些事情虽然看似微不足道，但是却向下属传达着一种领导施恩的信息，在接下来的工作当中，他们自然会更加积极主动地工作。而这种积极主动将比任何一种形势的催促、施压和引导都要有效得多。

不要拘泥于某一种领导风格，也是比较重要的一个技巧点。因为在进行长时间的管理工作之后，我们可能会找到一条非常熟悉的管理之道，从而建立自己独特的领导风格。但是职场中的人和事都是处于不断变化当中的，如果我们想要让自己的管理工作一直游刃有余地进行下去，就不应该拒绝任何形式的学习和改变，更不能因为某种所谓的独特领导风格而“画地为牢”。在此我们应该谨记，只有完美地完成工作，才是最独特和最具魅力的领导风格。

最后，建立自己的信息收集渠道更加重要。因为在当今社会，信息已经成为社会活动的关键依据之一，到了职场之中，身为领导，更有必要对自己的“一亩三分地”进行充分了解。比如，某些员工之间可能因私存在矛盾，但是由于种种原因又不愿意说出来，而且这个矛盾在短时间内还不会爆发出来。在这种情况下，如果我们对实际情况没有足够的了解，很可能就要在安排工作时出差错。而如果能够有一名员工为我们提供实时信息，即使我们不能短时间内调和这种矛盾，也可以尽量避免矛盾的激化和爆发。当然，我们也绝不能相信某一个人提供的片面信息，因为即使这个人没有私心，也会因为感情和立场等主观因素而按照自己的意愿去加工信息。所谓“兼听则明，偏听则暗”，我们还是要建立多条信息收集渠道，方能保障信息的质量。

第十一章

心灵调适：架起和谐人际关系这座桥，不再让心理压力禁锢自我

1.

保持心态平和，大家才能和谐相处

卫生部一项覆盖全国北京、上海、广州、深圳等12个大中城市的调查数据显示：在所有接受调查的企业员工中，有大约35%的人表示自己勉强快乐；42%的人则直截了当地表示自己不快乐；其余20%的人更表示对当前工作非常不满，有跳槽的想法；而对自己工作满意的人只占到了总调查人数的3%。

由此可见，工作心态失和已经成为当前我国整个职场的痼疾，并不是只有我们某个人才受到了这样的困扰。众多职场人士对于心态调节的意识和方法欠缺，也从这项调查数据中显现出来，我们非常有必要引以为戒。如果我们想要摆脱这种职场困扰，那么从即刻开始修炼自己的心境就成了一门维护和谐人际关系、最终走向职场成功和实现人生价值的必修课。

常言道："人生不如意事十之八九"，如果我们事事较真儿，那么恐怕一生都要生活在不如意之中。而且，如果我们经常性地心态失和，那么对人对事都会变得非常急躁，从而做出一些不当的反应，并导致人际关系恶化。相反，如果我们能够具备足够的心理调节能力，那么即使我们遇到了一些不顺心的事情，也能够及时恢复平和的心态，保障自己的行为始终处于可控之中。也许这样的认识和方法在短时间内并不能显现出积极的作用，但是如果我们能够将此作为习惯，久而久之自然会受益无穷。

高建海师傅是北京市的一名公交车司机，多年来他秉持为人民服务的理念，始终坚持微笑服务、热情服务和创新服务，保持着温馨和谐的乘车环境。

由于车上没有配售票员，监督售票、代客找座、疏导乘客等多项工作都落到了高建成一个人的肩上，这也让他的工作压力加大了不少。但是，高建成牢记换位思考原则，无论到了什么时候都首先为乘客考虑，这也让他得以始终保持平和的心态，并且和很多老乘客都建立了良好的关系，整个车厢经常是一片和谐与融洽的气氛。

2013 年初，高建海师傅像往常一样尽职尽责地工作着。忽然有一名乘客从座位上跳了起来，然后疯狂地冲到高建海身边要求停车开门，并称自己坐过了站。高建海一边安抚这名乘客的情绪，一边向他解释车在站点以外不能开门，并耐心地告诉他如何在下一站去坐返程车。

但是让人没想到的是，这名乘客非但不理会高建海的建议，反而动手打了他，并强行要求他立即停车。车上一些人看不下去，纷纷上前制止这名乘客，高建海见全车人的安全受到威胁，不得已把车子停在了路边。而这个时候，由于有人报警，附近的警察也很快赶到了现场，并及时制伏了闹事乘客。

接下来，警察向众人询问详细情况，众人异口同声地要求严惩闹事者。但是连闹事者都没想到的是，高海成却解释说这名乘客确实有急事，不得已才强行要求停车，因此产生了误会。并且代闹事者向警察求情，等他回家把急事处理完之后再接受处罚。

警察见事情可调解，立即要求闹事者向高建海和众乘客道歉。闹事者早已被高建海的行为感动，乖乖道歉，事情也就此画上了一个圆满的句号。

如果我们想要在职场生活中与人保持和谐关系，像高建海一样进行换位思考是一个必要的前提。而如果我们想要进行换位思考，首先必须要保持心态平和。

然而在现实生活中，更高的职位、更多的薪酬、更大的房子、更好的车子，这些物质的诱惑都可能造成我们心态失和。对于这些物质财富，能够得到当然最好，但是如果不能得到，也绝不能任其成为我们痛苦的根源。毕竟，这些东西并不是衡量一个人成功与否的关键，更不是衡量一个人成熟与否的标准。一个人真正的成熟，是在不断走向成功的路上保持自己悠闲的步伐，然后在每一处成功和进步中感受幸福与喜悦，只要我们能够达成如此修为，成功自然会如期而至。

总而言之，只要我们能够拥有平和的心态，整个世界都可以变得海阔天空、风轻云淡，我们的心也可以永远保持宁静。当然，最重要的是当我们的心态平和下来之后，还能够自然而然地拥有一个和谐融洽的人际关系，从而保障自己的事业和职业发展能够顺利进行，并且最终得到自己预期的幸福和快乐。

2. 克服虚荣，安于平淡

每个人都希望自己能够得到别人的尊重，但有时候我们的能力有限，并不能为自己赢得内心渴望的景仰。在这种情况下，我们就会用言语和举止等虚假行为“包装”自己，这就是虚荣心的一种典型表现。在现实的工作和生活中，如果我们不能正确面对并处理自己的虚荣心，很可能就会因虚荣心而受累终生。就像莫泊桑在《项链》一文中塑造的女主人公那样，为了满足虚荣心，葬送了自己一辈子的幸福。

其实，我们每个人都有虚荣心，只不过因为我们对待虚荣心的态度不同，它最终带给我们的境遇也不同。我们不必回避虚荣心，而应该正视并且随时对它保持警惕，这样不但能够有效地克服虚荣心，甚至还能够让虚荣心成为自己走向成功的动力。这个道理再简单不过，因为我们每个人都需要别人的尊重，这一点毋庸置疑，但是如果这个需求失去了节制，并且脱离了自己的客观实际，那么它就会不可避免地成为枷锁。在此我们应该记住，真正的荣誉是我们通过自身努力去创造各种价值，再由别人认可之后反馈给我们，而不是通过自己的虚假行为去骗取。

虽然家境贫寒，但是母亲为了能让儿子上学，每天起早贪黑地去做一些体力活儿，虽然只有三四十岁看上去却很显老。因为路程太远，儿子在上了大学之后，就一直没有回去看望过母亲。但是母亲实在想念儿子，便来到儿子读大学的城市里打工，可是让这位母亲想不明白的是，儿子居然以学习忙为借口，一直拒绝她到学校去看望他。

母亲不想耽误儿子学习，但是她实在忍受不了和儿子咫尺相隔一直不能见面。一个平静的周末，母亲被相思之苦折磨，不由自主地跑到学校看望儿子。这名大学生则赶紧把母亲往学校外面领，但还是碰到了自己的同学。于是他向自己的同学介绍说："这是我们家的保姆。"

这名大学生在毕业之后，得到了一份还算不错的工作，但是由于被虚荣心吞噬，他一直吹嘘自己家庭富裕。开始的时候同事们还认为他只不过是一个张狂的富二代，但是经过几次经济往来后，大家很快就发现他其实是个骗子，最后他也声誉全毁。

从心理学的角度来讲，虚荣心就是一种扭曲了的自信心，是一种通过夸大自己来赢得尊重的虚假行为，也就是我们俗话所说的"打肿脸充胖子"。这样的行为虽然能够带给我们一时的精神满足，但同时也会让我们陷入巨大的物质和心理压力中，而且为了圆一个谎话，往往需要再说十个谎话，我们把自己“捧”得越高，等到谎言被揭穿时，就会摔得越惨。而且，虚荣心强的人还非常容易脱离实际，嫉妒、狭隘、自私等性格缺陷也会一一找上他们。对于这样的人来说，其人际关系好坏也就可想而知了。

古语有云：“简简单单才是真，平平淡淡才是福。”对于很多人来说，这句话并不能引起他们的共鸣，但如果你是一个在名利场摸爬多年的人，见识了各种钩心斗角和名枪暗箭，就会发现这句话的深意了。其实，这就如同是一个常年被疾病缠身的人，经过漫长的治疗后，终于恢复健康。对于这个人来说，能够健健康康地活在世上，每天感受明媚的阳光和清新的空气，就已经是一件幸福至极的事情了，至于世间万物的虚荣根本不会影响他们的心境。

虚荣心能带给我们的永远都只能是一些外在，我们只有克服了虚荣心，让自己的内心世界归于宁静，才能让自己的生活归于平淡。事实上，我们的心境修为就像是水的“修为”一样，如果想要得到宁静，就必须平静下来。

3. 拒绝浮躁心态，才能拥有和谐的人际关系

由于生活和工作节奏的不断加快，身处现代职场中的人们开始变得日益浮躁起来。如果我们也不幸被这样的困境所扰，那么我们在生活和工作中的乐趣就会烟消云散，随之而来的会是避无可避的烦躁。一旦陷入烦恼的境地，我们的人际关系也就变得非常糟糕，而且在人际关系越来越糟的同时，心情的浮躁也会与日俱增，从而陷入一种无法自拔的恶性循环之中。

同时，如果一个人长时间处于情绪烦躁之中，他的正常身体机能也会受到负面影响。这是因为人体本身具有一定的调节能力，当我们的神经系统处于高速运转中时，内分泌系统会产生一种特殊物质，用以镇定我们的神经系统。但是这种起镇定作用的物质，虽然对于维持我们的身体机能平衡具有宝贵作用，但是却会降低我们的免疫力，甚至诱发身体细胞的癌变。

意识到了这一点，我们就应该培养自己的心态调节意识，并深入掌握一些有效的调节方法，用来全面避免浮躁心态对自己的侵袭，具体内容可以参考以下几点：

(1)科学地认识自己。浮躁心理的产生，往往是因为我们对自己不够自信，而不自信的心态又往往是因为我们索求的太多。因此，我们必须建立一个合理的成长和发展观念，清楚凭借自己的能力能够得到什么。如果我们想要的东西超出了自己的能力范围，那么浮躁心理必然如影随形；而如果我们想要的东西完全在自己能力范围之内，浮躁心理则不会轻易产生。

(2)养成调节浮躁心态的意识和习惯。身处职场之中，我们不可能始终原地踏步，而是要不断前行和成长，这就意味着我们必然会不断挑战自己的能力极限。因此，浮躁心理的袭扰只是时间问题，但只要我们能够进行有效的调节，就可以彻底远离它。

(3)努力提高自己的心境。我们没有必要把目光紧盯在工作上，可以放在一些业余爱好上，只要能够让自己浮躁的心情暂时缓解下来的事情都有助于我们减轻甚至避免浮躁心态。但是我们同时必须注意，心境的提高需要一个持续不断的过程，我们只有坚持不懈，才能最终收到奇效。

(4)掌握一技之长。既然我们选择了参与社会活动，就总免不了和人打交道，而这种打交道的能力也将直接决定我们是否能够和整个社会进行有效沟通。因此，我们必须要让自己具有独特的社会属性，因为只要我们的特长是别人无法取代的，才能让越来越多的人来找我们帮忙。实际上，这也就相当于在我们有需要的时候，可以得到很多人的帮助。如此一来，我们自然能够消除浮躁心理，建立自信心，并最终营造出和谐的人际关系。

(5)制订客观合理的职业计划。古语有云：“人无远虑，必有近忧。”只要我们能够充分展望自己的未来，知道自己想要什么，凭借自己的能力能得到什么，然后制订合理的发展计划，就能够做到对每件事都胸有成竹。

而对于一个做什么事都胸有成竹的人来说，不仅能够远离浮躁心态，而且在做每一件事的时候都能保证游刃有余。

总而言之，浮躁心态产生的直接原因虽然是受到外界事物刺激，但间接原因和根本原因还是取决于我们的内心有何种反应。也就是说，我们每个人在职场生活中都无法规避浮躁心态，但是我们能够调节自己的心态，从而减低甚至避免受其困扰。唯有如此，我们才能营造良好的人际关系，成为一个合格的企业员工。

4. 赶走一切负面情绪，让自己乐观向上

人生在世，悲观和沮丧等负面情绪总会不时占据我们的心神。如果我们想要始终保持一个轻松愉快的心情，只能从主观意识上有效调节自我心态，赶走负面情绪，争取养成乐观向上的良好习惯。即使我们不幸遭遇横祸，也要时刻提醒自己，虽然自己很不幸，但是一定可以找到办法摆脱不幸。既然有办法摆脱，那么我们又有什么理由要让自己深陷负面情绪之中呢？

之所以要在自己不幸的时候看看那些更加不幸的人，并不是说我们要把自己的快乐建立在别人的痛苦之上，更没有幸灾乐祸的意思。我们应该告诉自己，我们并不是这个世界上最不幸的人，然后以此来培养一种摆脱负面情绪的方法和习惯，并尽快建立起乐观向上的情绪。我们可以去看看那些古今中外的成功人士，看看他们在功成名就之前，是如何经历并战胜磨难的。如此我们就能够得出结论，对于任何一个成功者而言，磨难都是不可避免的。他们面对磨难的时候，不仅没有退缩和逃避，反而迎难而上，即使失败也不会陷入负面情绪，而是愈挫愈勇，直到最终取得成功。

其实，这个世界上的天才毕竟只有极少数，那些单纯依靠得天独厚的资源而取得成功的人也不会有太多。在这种情况下，其实大多数人面临的情况都差不多，然而事实是有些人能够扶摇直上，成为人中龙凤，有些人不上不下，始终处在“吃不饱，也饿不死”的尴尬境地；而有些人甚至一再堕落，直到最终跌入万丈深渊。因此，从根本上来讲，真正决定我们命运的还是自己的心态。如果我们想要成功，首先必须调整好自己的心态，然后积极乐观地去面对生活和工作中的一切。

庄子是我国古代先哲中具有代表性的道学宗师，最让人关注的莫过于他对自身情绪的超强掌控力。

据《庄子·至乐》记载，名家宗师惠子听闻庄子之妻病逝，悲恸之余立即赶往吊唁。然而当他匆忙赶到庄子家中的时候，发现庄子居然在敲着盆子唱歌，几乎看不出有什么悲伤的神色。

惠子对此非常不满，以至于高声质问庄子说：“你的妻子操劳一生，为你生儿育女，没日没夜地劳碌。如今她去世了，你不为她哭丧守灵也就算了，怎么还能在这里唱歌呢？”

然而庄子却说：“妻子离世，我又怎么能不悲伤呢？但是仔细想想，我们本来就不存在于这世上，庆幸出于天地造化才得以一世为人。现在我的妻子只不过是回到了本初的状态，就像四季轮回和日月交替那样，是再自然不过的事情，我又有什么好悲伤的呢？”

惠子这才明白，原来庄子的胸怀已经达到了天地大德的境界，因此才得以化解了人世间最难挨的痛苦。

在现实生活和工作中，我们当然没有必要也几乎不可能具备庄子的超然境界，但是圣人调节自己情绪的意识还是值得我们学习的。由此我们也可以看出一点，掌握调控自身情绪的能力不仅需要科学合理的理论指导，以及坚持不懈的努力，还需要有极其强大的勇气。毕竟，当我们至亲至爱的人忽然离世后，如果内心的勇气不够强大，我们是无法对自身情绪进行调控甚至掌控的。

进入现代职场，几乎每个人都会或多或少地感受到工作压力，因而极易使自己陷入负面情绪。虽然说适当的压力能够让我们拥有学习和进步的动力，但是相信没有人愿意让自己处于负面情绪之中，这就需要我们掌握一些具体的情绪调节方法，下面列出几点参考内容：

(1)勇敢地面对一些人力不可抗拒的因素。既然是人力所不能抗拒的，我们不如坦然面对，珍惜正在拥有的幸福，并尽情地去享受，不去为无力改变的事情而苦恼，或者去做一些“无用功”。这个世界上有阳光的地方就会有阴暗。如果我们接触的是阳光一面，那么我们也迟早会变得充满阳光；而如果我们总是接触阴暗的一面，那么我们的世界终将变得一片阴暗，负面情绪的降临也会成为必然。

(2)多做运动。常言道：“生命在于运动。”一个人要想充满青春活力，坚持每天做一些适量的运动，绝对是上佳选择。运动不仅能够让我们头脑清醒，而且还能够强健筋骨，有百利而无一害。

(3)培养自己的兴趣爱好。其实，我们每个人承受压力的能力就像是弹簧一样，虽然具有一定的伸缩能力，但是如果承受压力的时间太长，我们的伸缩能力就会大打折扣。因此，如果我们在工作中承受了巨大的压力，就要利用兴趣爱好进行舒缓，以便再去承受工作中的压力。即使我们没有什么兴趣爱好，也可以去做一些娱乐休闲，找到一项活动让自己减轻压力。

(4)结交几个真心朋友。朋友永远是我们发泄心中不满、寻求内心安慰的最佳人选，因为对于工作和生活中的压力来说，有很多事情不适合与亲人说，朋友却完全没必要顾虑。如果我们把自己的快乐告诉朋友，那就成了两份快乐；如果我们把痛苦告诉朋友，痛苦就能减少一半。因此，无论如何我们都要在生活和工作中结交几个朋友，无论是处于精神还是物质上的需要，这都会让我们在需要帮助的时候找到雪中送炭的人。

总之，如果我们正在被负面情绪困扰，那么就必须要有追求乐观向上情绪的意识，同时还要掌握一些具体的方法，这样才能将负面情绪清除出自己的世界，进而建立良好的人际关系，让自己的职业发展之路充满光明。

第十二章

心存感恩:感恩之心是孕育和谐人际关系的“摇篮”

1. 懂得感恩，才能携手前行

当前社会，已经没有人可以靠“单打独斗”来成就一番事业了，因此，当我们想通过自身努力在社会上得到一席立足之地的时候，与人携手共进已经成为最佳选择，甚至是唯一的选择。但是与人合作又必须是我们出自内心的想法和期待，否则相互之间就会存在猜忌和提防。而且一旦牵扯到利益关系，很可能就会出现各种不和谐，即使原本很好的关系也可能瞬时破裂。在这种情况下，感恩就成了最好的黏合剂，我们也只有懂得了感恩，自己的内心才能足够强大，并且最终得到与人合作互助的工作机会。

感恩也可以称为一种品格，我们在生活和工作中看到每一个懂得感恩的人，都会不由得心生敬佩，从而被他们的精神感染。尤其是到了工作中，如果我们每个人都能够心怀感恩，那么不仅我们的工作氛围能够一片和谐，工作效率也会大幅提高。

想要具备感恩之心，首先要求我们必须懂得遇事从自身开始找原因，而不是在遇到麻烦和问题时首先想到别人的过错。如果我们在生活和工作中遇到一些不友好的人，那么很可能问题是出在自己身上，自己也有一部分责任。

2012 年 7 月，程飞进入天津红帆科技公司，由于公司待遇较高，程飞在公司工作时间也相对较长，而不是像之前那样，没干两天就辞职走人了。而且让他感到兴奋的是,自己在这家公司表现还算不错,尤其是在领导极力催促下完成的几个项目,还被公司列为新员工的入职学习案例。

如此表现也让老板对程飞寄予厚望,但是让老板没有想到的是,就在时间过去一年之后,他正想提拔程飞的时候,程飞居然主动提出了辞职。老板对此当然感到不解,但是看到程飞一副坚定的神情,他也没有当面表态,而是随便找个理由把程飞打发了回去。

经过调查,老板很快发现了程飞的问题,原来程飞觉得公司对他要求太过严格,因而受不了强大的工作压力。但同时老板也发现了程飞更深一层的问题——不懂得感恩,长久以来他之所以对程飞很严格,就是因为把他当成了人才在培养,并且希望他能够胜任更多、更重要的工作。

想到这些,老板让人把程飞叫到自己办公室,并且开门见山地问他说:“这么多年以来,你觉得自己哪一年的成长速度最快?得到的酬劳最多?拥有的成就感最强?”

程飞想了想说:“今年。”

老板又问:“那你又知不知道为什么?”

程飞说:“因为我足够努力。”

老板语重心长地说:“你错了,因为是我给了你机会,并且把你当成了我想要的人才来培养。何况,年轻人,即使你不懂得感谢我,也应该抓住自己的发展机会,要不要辞职,你回去好好想想吧。”

最初,在程飞的心目中从来没想过要感谢老板,他觉得为老板干活儿拿钱是天经地义的事。因此,在听到老板如此说后,他决定改变思路,联想到自己多年的工作表现,忽然意识到自己确实忽略了老板对自己的栽培。

在此之后,找到问题症结的程飞也终于开始认真工作,这也让他的工作能力得到了进一步提高。

由此我们可以看出，在职场生活中，感恩是我们成就一番事业的基础。我们首先应该感谢公司，因为是公司为我们提供了一个工作平台，让我们能够充分施展自己的才华和抱负；其次，我们要感谢领导，因为我们是在他们的引导和帮助下，才一步步变得成熟，并最终走向成功；最后，我们还要感谢同事，因为正是他们的协助和鼓励，才让我们拥有了强大的信心和力量，从而始终勇敢地在市场竞争中搏击风浪。

此外，即使我们未能怀有感恩之心，也不能因为任何事在心中对领导或同事怀有敌意，甚至做出一些破坏集体团结的事情。应该在遇到问题后及时沟通解决，从而尽力维护工作氛围的和谐与融洽，如此才能保障工作团队的高效运作。这样一来，我们在帮助集体获得利益的同时，也保障了自己的个人利益。

事实上，感恩与否并不是由外部环境和其他人决定的，而恰恰是由我们的内心决定的，因为即使面对同样的生活和工作环境，那些懂得感恩的人也永远是对每个人都充满感恩的。意识到了这一点，我们就应该着力培养自己的感恩之心，在生活和工作中建立起良好的人际关系，以此来保障自己的职业发展和事业成长能够有坚实的基础。

奥地利著名心理学家阿德勒曾经说过："改变心态，就能够改变习惯；而改变习惯，就能够改变命运。"因此，如果现在的我们仍然是一个不懂得感恩的人，那么我们就要从即刻起修炼自己的心性，从而争取早日领略感恩的真谛。届时你就会发现，心态的改变，已经把你带入了另一个世界。在这个世界里，你总是能够轻巧地避开每一个矛盾，确保自己的整个人际关系充满和谐与融洽，只因为我们已经能够时刻心怀感恩。

2.

牢记他人之恩，反思自身之过

我们越是懂得感恩别人，就越是能够反思自己的过错。而我们越是能够反思自己的过错，就越是能够感恩别人，从而完成一个自我修为的良性循环，并最终达到一名优秀员工的合格标准。

学会感恩与反思之后，我们再去经营自己的工作和事业发展，也许付出的代价会比以前多很多，但是我们能够得到的也必定会越来越多。当我们对一个人心怀感恩的时候，不仅能够得到他同样感恩的对待，而且还能够让自己保持一片宁静与祥和。当我们反思自身过错的时候，就会深刻彻底地发掘出自己的不足，然后予以改正，而这个过程就是我们完成自我成长的过程，对于任何一名职场人士都是至关重要的习惯和品质。

英国著名作家萨克雷曾经说过，“生活就如同一面镜子，你哭它也哭，你笑它也笑”。当我们在生活和工作中真正洞悉了感恩的真谛，并且能够心怀感恩去对待每一个人，以及去处理每一件事，我们就会发现这个世界上处处充满感恩，人人也都懂得感恩。就像是《三字经》的首篇首句所说的那样，“人之初，性本善”，没有人在内心当中是完全不懂感恩的。我们在生活中之所以遇不到懂得感恩的人，恰恰就是因为我们自己不懂得感恩。因此，我们不仅要学会感恩，甚至要做到“日行一善”，还要“一日三省吾身”，以此反思自己的过错，帮助自己成长，这样就能够让自己依靠感恩与反思建立和谐融洽的人际关系。

肖刚是天津宏开公司的一名项目经理，自从5年前进入公司，一直以十足的“老好人”形象示人。他不仅从来没有向同事们发过脾气，而且还总是主动帮助别人，一颗感恩之心几乎温暖了所有的同事。

然而，肖刚虽然拥有良好的人际关系，但是他的职业发展之路却并不顺利。尤其是很多比他晚来公司的同事，有很多都已经成为了他的上司，这也让肖刚看在眼里，急在心里。不过由于善于维护人际关系，肖刚还是在管理岗位上站住了脚，只是他做的工作虽然是最多的，可惜仍然得不到老板的青睐。

无奈之下，肖刚在同事的推荐下，找到了职业规划专家帮助自己。本来，肖刚对于职业规划专家并没有抱太大希望，但是专家的一句话还是让他顿有所悟，因为对方说的是："你每天只想着用感恩的心去营造良好人际关系，有没有想过在其他方面可能存在什么不足？"

本来专家的这句话也只是例行询问，但是说者无心，听者有意，肖刚忽然意识到自己虽然能够营造良好的人际关系，可惜工作能力却一直停留在原地。意识到了这一点之后，肖刚也仿佛找到了自己努力的方向，即全面提高自己的工作能力。告别了专家之后，他立即便回到了公司开始制订自己的工作学习计划，并且很快在职业发展中有了一些起色。

其实，有些事情之所以会让我们百思不得其解，或者根本不知道从何入手，可能仅仅是因为我们一直在固执己见，并且从来没有想过自己有哪些不足，有哪些错误。对此我们应该时刻警告自己，正确的坚持能让我们走向成功，但错误的坚持则只能让我们越走越远。而当我们真正地学会反思之后，很可能就会打开一扇全新的大门，从而让自己走上一条康庄大道，事业的成长和职业的发展也会从此变得一帆风顺。

众所周知，感恩和反思都是人类非常重要的品格，如果我们能够拥有这两种品格，就能够在职业发展中事半功倍。同时，我们也应该谨记，当别人给了我们一份感恩的时候，我们一定要珍惜这份难得的"礼物"，否则一旦让它溜走，我们也许一辈子都会与之无缘。当然，自我反思同样如此，如果在我们和别人产生矛盾之后，对方已经进行了深刻反思，而我们却依然如故,矛盾则必然走向激化甚至演变成冲突,于人于己都没有好处。

总而言之,感恩是一种修养,反思是一种品格,任何一个想要走向成熟和成功的人,都必须正视这两样东西,并且最好能够将其牢牢掌握。到了那个时候,你就会发现感恩和反思不仅非常“实用”,而且还能够帮助我们更好地提升自己,从而使我们处于一种持续的成长过程中。当然,在我们不断走向成熟和成功的同时,我们也一定能够轻松化解各类矛盾,以此来保障自己建立一个和谐融洽的人际关系,并最终为自己的事业奠定坚实的基础。

3.感恩同事,是他们陪你一起奋战

众所周知,在我们每个人的工作中,每天和我们接触时间最长的就是我们的同事,无论是给我们带来帮助,还是我们给予别人帮助,对象也往往都是我们的同事。“低头不见抬头见”,这句话用来形容我们和同事之间的关系再恰当不过了。因此,如果我们无法和自己的同事搞好关系,那么不仅无法营造出和谐融洽的工作氛围,而且在具体的工作过程中也可能会遇到实际的障碍。而我们如果想要和同事搞好关系,感恩就是一项不可或缺的品质,因为只有感恩才能让我们学会真诚地对待别人。

此外,如果我们能够在工作中与同事和睦相处,在遇到兴趣相投的人时,我们也会从此多一位好朋友。

其实,对于任何一个集体而言,感恩之心都是团队协作的基础。在一个团队之中,只要有人是自私的,那么这个团队就不可能真正团结起来,必然会相互提防和相互猜忌，甚至是相互暗算和相互攻击。如果一个团队中已经形成了厚重的感恩文化，那么这个团队便容不下自私自利的人。而我们作为一名企业员工，当然会希望自己能够进入一个充满感恩文化的团队，那么也就要求我们必须对自己的同事充满感恩之心。

1962 年，《雷雨》横空出世，随即得到如潮好评，曹禺先生的事业发展也随之进入高潮阶段。加上当时在他身边聚集了一批谄媚的朋友，曹禺开始享受这种被人推崇的感觉。于是，他逐渐把精力转移到各种社交活动上，用于创作的时间和精力则越来越少，这也让曹禺很少能够找到之前的创作感觉。

在一个平静的早晨，曹禺从邮箱里取出一叠厚厚的信笺，回屋准备一一拆开来体会一下意犹未尽的喜悦时，看到一封信却非常扎眼地躺在了他的书桌上，他忍不住将这封信一连看了三遍，再也没有看其他信。这居然是一封批评信，这封信把《雷雨》批得体无完肤，甚至说曹禺的作品根本就是“狗屁不通”。

而更让人感到不解的是，曹禺看到这封信不但没有生气，反而非常开心。据他的家人后来回忆，曹禺当时曾经拿着这封信说：“这才是我真正的朋友。”大家起初还奇怪他为什么会这么说，等到大家看到写信的人是黄永新，就再也没有人说什么了，因为大家知道这个人是不会对曹禺不利的。

黄永新当时的身份是一名教育家、发明家和社会学家，更重要的是他和曹禺是一对好朋友。在曹禺事业突起有些飘飘然时，有的朋友即使想要劝说，也大多委婉至极，不起作用。唯有黄永新开门见山，同时也给了曹禺一记当头棒喝，也就是前面提到的那封信。

在此之后，曹禺闭门谢客，再也不参加任何与学术无关的活动。如此一来，曹禺也很快便找回了之前的创作感觉，从而得以继续为人民创造优秀的文艺作品。

由此我们可以看出,感恩绝不仅仅是一种单纯的为别人做贡献,它更是一种心态和习惯,表现在我们为人处世的方方面面。正如曹禺那样,如果不是对朋友的劝解心怀感恩,走在即将迷失道路上的他,也许根本不可能翻然悔悟,甚至还会对黄永新生出偏见,让自己走得越来越远。

因此,如果我们在工作中遇到了同事的质疑,那么一定要避免产生敌意,而是要充满感恩。就像毛主席教导我们说的那样,面对别人的指责“有则改之,无则加勉”。即使别人对我们的指责并非善意,只要对我们的成功和成长有帮助,我们又为什么不对其充满感恩呢?何况,在大多数情况下,同事对于我们的指责其实是善意的,只不过因为特殊的环境和氛围,被失去理智的我们误解。如果是在这种情况下失去感恩之心,很可能会因为一时的冲动而出言得罪同事,等到醒悟过来才后悔不及。

如果我们能够学会感恩,那么不用别人帮助,我们首先就会积极主动帮助别人。如此一来,即使我们和同事之间出现一些问题也可以很快得到解决,不至于出现不可调和的矛盾,甚至进一步激化成冲突。所以,我们在职场工作中必须谨记,只有对每一位同舟共济的同事心怀感恩,我们才能时刻保持人际关系的和谐融洽,从而为自己的事业成功和人生幸福奠定基础。

4. 感恩领导,是他们让你不断成长

我国自古就是礼仪之邦,忠孝一直被看做最重要的个人修为和品格。

而古人之所以提倡忠孝于师长，就是要让每个人都懂得感恩，从而建立起一整套和谐的社会制度，并最终让每个人安享这种和谐。现代职场中，虽然人与人之间的关系被逐渐利益化，但对于那些对我们“传道授业解惑”的领导，同样值得我们像对待师长一样去对待，并且需要我们发自内心地感激他们。因为只有这样，我们才能和领导达成有效的沟通，从而形成融洽的上下级关系，以便为自己的职业发展铺平道路。

然而对于很多人来讲，领导通常都是一个比较概念化的名词，不要说在日常工作中与其进行亲密接触，如果是在工作场所以外的地方见面，甚至连一句多余的话都不愿意和领导说。对此，我们必须时刻提醒自己，即使在陌生的地方得到陌生人的帮助，我们都会不由自主地说一声谢谢，那么对待自己的领导，为什么不能满怀感恩之心呢？何况，建立的良好关系，也能够让我们在工作中如鱼得水，大幅减少我们和领导之间矛盾的产生和激化。

我们要牢记以下三点内容：首先，领导不仅代表他自己的利益，同时也代表公司的利益，这也就意味着他们还代表着我们的利益，老板就是我们的衣食父母，维护老板的利益，其实就是在维护自己的利益；其次，我们的职业前景无论好坏，都将直接取决于领导的评判，因此与其说我们是在感恩领导，不如说是在为自己的长远目标做准备；最后，即使领导身上存在某种不足，他们的其他方面也一定有很多东西值得我们学习，如果我们想要得到领导真正的赏识和提拔，就一定要对领导心怀感恩。

周山是北京九阳文化公司的一名网编，由于自幼酷爱文学，他很小就开始写作，多年下来积累了不少写作经验。然而在进入公司之初，周山的写作经验不但没有给他带来帮助，反而给他带来了一次不大不小的危机，这件事还要从他不懂得感恩领导说起。

当今社会，很多刚刚毕业的大学生都不免年少轻狂，周山也很不幸的在这些人的行列之中。由于对自己的能力非常有信心，他在工作之初准备大展抱负，并花费大量心血完成了第一部作品。然而让他没有想到的是，稿子交上去之后不但没有批用，反而被领导退了回来。本来，周山还想着去找领导理论一番，但是没等他去，领导已经叫人来通知他去办公室。

交谈中，领导首先肯定了周山的文艺天赋，但是也随即指出他的稿子从风格到选材都与公司的文化不符，并推荐他多看看公司前辈的一些作品。周山虽然心怀不满，但是领导的谦和与真诚又让他无从反驳，最终他只得草率地向领导表了个态，便回去改稿子了。而接下来同事对周山的劝说，更是一下子消除了他心中的怨恨，因为同事告诉他，这位领导一直以来都非常认真负责，而且对人对己、于公于私都是如此，稿子退回来也没关系，如果他实在改不好，领导会帮他改。

周山将稿子改完上交之后，最终还是被退了回来。而不同的是，这次稿子上的空白处写满了密密麻麻的批注，全都是领导手写的修改建议，这一下子让周山对领导心生无限感激。

在此之后，由于完全端正了学习态度，周山的进步一日千里，很快便能够胜任自己的工作了。

应该说，无论到了什么时候，也无论面对任何事情，态度都是最重要的。对于我们的成长而言尤其如此，作为领导的下属，我们可以充满自信，但是这种自信必须建立在感恩之上。毕竟，当我们意识到自己的发展空间还很大的时候，同时也必须意识到自己需要学习的东西还有很多，而领导就是能够帮助我们学习和成长的最直接的对象。如果我们能够意识到这一点，又怎么能不对领导心存感激呢？

也许有些人仍然想不明白，对领导感恩，就意味着我们需要付出更多，那么我们又能够得到什么呢？尤其是当我们遇到一个不懂得感恩的领导时，我们的付出和努力岂不是要像流水一样付之东去吗？这种想法，其实每个人都能理解，甚至每个人都曾经经历过。但是只要我们能够静下心来想想，就会发现一个非常现实的道理：只要我们付出了努力，就有成功的可能；而如果我们不去付出，则注定只能面临失败。

所以，如果我们想要提高自己的成功几率，就必须尽可能地和领导保持良好的沟通关系，当然，要想与领导保持有效沟通，首先仍然需要我们学会感恩。除此之外，为了公司的整体发展，我们也应该用感恩之心和领导完成顺畅沟通。因此，无论是于公于私，我们都必须和领导搞好关系，而感恩之心也就成了我们立足职场和发展事业的必备素养之一。

第十三章

创造辉煌:吹响和谐关系的交响曲,谱写辉煌的职场新篇章

1.

筑起“和谐之灯塔”，早日抵达成功的彼岸

美国成功学家卡耐基通过大量成功人士的研究发现：一个人的成功有15%需要依靠专业的知识，而另外的85%依靠的是和谐的人际协调能力。许多事实也证明，和谐的关系对于我们工作、生活都有着重要作用，而衡量一个人成功与否的标志首先就在于他是否拥有和谐的人际关系。

在当今社会，随着全球经济结构和产业结构的迅速变化，尤其是在市场竞争激烈、专业化分工越来越明确的前提下，和谐关系的重要性显得越来越突出。现代企业之间的竞争是团队的竞争，团队竞争体现的是协作能力的竞争。在一个团队中，如果不能充分发挥每个团队成员的最大的实力，那么这个团队就很难取得成功。只有每个人在目标一致的前提下协调统一，步伐一致，各尽其才，抛弃小我、注重大我，才有可能充分发挥出企业的整体力量，做到优势互补，取长补短的良好效果。可见，精诚合作是团队取得成功的根本保证。

做到团队间亲密无间地合作，就一定要注重团队的精神，团队精神就要有共同的价值观作为支撑，离开了价值观这个精神支柱，人就变得消极，企业也会变得毫无生气，更谈不上企业竞争力。

孙艳是一家餐饮公司的业务员，她已经在公司工作了不少年头，仍然只是一个普通的业务员。她非常希望能够获得经理助理的职位。为了实现这个目标，孙艳在公司里不惜拉帮结伙，利用各种方式笼络同事,对那些对自己晋升有威胁的同事,就想尽办法排挤、冷落对方。她的这种方式让公司内部员工之间变得钩心斗角,不再团结。然而现代社会讲求的是业绩和效率,资历并不代表什么。很多新加入的员工都有极强的能力和才华,尽管拉帮结伙,孙艳还是在最后评选时被公司淘汰了。

孙艳感到非常不满,开始向同事不停地抱怨,诉说自己的不公正待遇。经理在得知这件事后,感到非常生气,严厉地批评了孙艳。但是孙艳仍然没有悔改的意思,她想,自己既然没有机会,也不能让那些新人捡了便宜,于是到处造谣,讲经理的坏话。最后,经理忍无可忍,把她辞退了。

在当今的职场中,最看重的是合作,企业不需要独行侠一样的人。身处企业的每一个员工都应该反省自己,不能总想着"吃独食",奉行个人英雄主义。那些喜欢吃独食的员工是不能和企业团队携手共进的,为了自己眼前的利益,不惜牺牲别人,甚至用诋毁的方式去维护自己的利益。用这样的态度做事就等于把自己同身边的同事、朋友隔离开来,不仅不能和自己的合作伙伴建立良好和谐的关系,还会破坏企业内部的氛围,进而影响整个企业的工作效率,而自己也会因为无法适应讲求团队协作的团队而被企业淘汰出局。

须知,只有企业得到良好发展,个人的利益才能得到保障。只有整个团队能够携手共进,才能促使企业快速稳定地发展。对于企业来说,不管企业的规模有多大,有多少员工,企业在经营管理的过程中都不可避免会出现一些问题和失误,会遇到瓶颈,在这样的情况下,身为员工的你应该怎样做呢?是应该积极主动地帮助企业走出困难,还是消极被动地逃出这个困难的局面?

实际上,身为企业的一员,只有拥有团队协作精神,维护好同身边人的和谐关系,才能早日到达成功的彼岸。这就要求员工要有顾全大局的意识,不能只从自己的角度出发。因为一旦选择了一家企业,不论职位的高低,也不论何种岗位,都意味着你必须同企业一起经历风雨,共同面对未来的困难和挑战。企业就是载着你驶往成功彼岸的船，要想和船乘风破浪，安全地到达目的地，身为船员的你就有着不可推卸的责任。无论是遇到暴风雨，还是巨浪、礁石等危险，都不能逃避，而应该尽自己最大的努力把船舵掌好，向着目标坚定地行驶去。千万不能把自己看作船上的一名乘客。一定要记住，你在企业里工作，就是这条船的主人，当船遇到了危险的时候，不能先想着自己逃生，而是要思考怎样帮助船渡过危机，战胜困难。当你把自己看成是一名乘客时，你的工作态度就会发生变化，也就意味着你失去了和企业同舟共济的勇气。船的命运和船上的每一个船员都息息相关，而最终的结果往往取决于船员能够齐心协力、勇于担当。当船行驶在危险的巨浪中，任何一点儿小小的疏忽都有可能导致船只陷入危险的境地，而这时每个人都很难在灾难来临时侥幸逃脱。在企业发展遇到瓶颈时，员工更不应在这个时候想着离开企业，寻求更好的发展，这样的员工是不可能得到企业的重用的，只有每个员工都做到团结一心，对企业忠心不二，才能在困难面前发挥自己的能力，让团队爆发出强大的激情和动力，帮助企业摆脱困境。

作为一名有理想，想要出人头地的企业员工，就一定要摒弃这种“小我”思想，把公司当成是自己的家一样用心呵护，努力经营。只有这样企业才会把你当做自己人，才会对你充满信心和依赖，你才会成为被企业重用的人才，才能乘着企业这艘大船，筑起“和谐的灯塔”，早日抵达成功的彼岸。

2. 优秀员工感悟：让你成为同事眼中的“香饽饽”

在竞争激烈的现代社会里，组织和团队已经超过了血缘和地域的纽带，人和人之间更多的是工作关系。在企业内部，不论职位高低，资历深浅，所有人在人格上都是平等的。你的同事就是对你最有帮助的朋友。每个员工都应该以事业为基础，相互帮助、相互支持。只有处理好与同事之间的关系，成为同事眼中的“香饽饽”，才更容易取得事业的成功。

徐荣毕业后被一家大型外企录用。但是由于缺乏相应的工作经验，在工作中难免会遇到一些挫折和困难。即使徐荣已经努力去做了，但是工作总是有做不好的地方。有一次，经理让他做一个项目策划书。由于这个项目很重要，徐荣在做完策划书后，想找一个资历老、业务能力出色的员工指导一下，帮自己把把关，然后再交给经理。但是让他郁闷的是，他接连问了好几个同事，都被他们找各种理由委婉地拒绝了，他们不是说自己工作太忙，就是说自己没经验，语气中还带着几分嘲讽。

就在徐荣苦恼、尴尬的时候，同一个办公室的孙月走了过来，拍拍他的肩膀说：“我来帮你看看！”就这样一句简单又平常的话，让徐荣感到非常温暖。孙月仔细看完了徐荣的策划书后，给他提了一些合理的建议，还和他一起进行了细致的修改。

第二天，徐荣信心满满地把项目策划书交给了经理，得到了经理的表扬和称赞。策划书被采纳后，由于为公司带来了很大的利润，徐荣也因此受到了公司的奖励。

过了不久，孙月由于经常去外地出差，想向企业申请一台笔记本电脑，以方便工作。但是按照当时的公司规定，孙月的申请很可能无法通过。这时，徐荣善意地提醒他："你可以在申请书上特别表明电脑对于你工作的重要性，而且你还能从与公司有业务往来的老客户那里以最低价购买。"结果，经理经过一番深思熟虑后，接受了孙月的申请。

从上面的例子可以看出，企业员工之间相互帮助，互相支持，这对于企业和员工的发展有着重要的作用。如果没有孙月的帮助，徐荣的策划书就有可能无法通过，不会受到经理的赏识，也无法为企业带来很好的利润。而如果没有徐荣的提醒，那么孙月就可能不会顺利地得到电脑。可见，良好的人际关系能够让自己在企业中如鱼得水，受到同事的认可，才能让自己变得更加优秀。

然而很多企业的员工总是不懂得如何与同事相处，这样会让自己的职业发展受到阻碍。他们对同事的请求无动于衷、漠不关心，找个借口推脱，还有的在一边幸灾乐祸，就像徐荣之前请教的几个同事一样。而这样的人，不仅是没有素质的员工，也是企业最不能接受的员工。任何一家企业的领导都会从一个员工对身边人的举动中看出他是否具有团队合作的意识。那些喜欢唱"独角戏"的员工不能做到和其他同事友好相处，共同进步，那么领导出于顾全大局的考虑，也是绝对不会提拔他们的。

想要在企业中成为受人欢迎的优秀员工，就一定要处理好和同事间的关系，努力让自己成为同事眼中的"香饽饽"。具体来说，应该做到以下几点：

首先，要做到处处为别人着想。在与同事交往的过程中一定不能有以自我为中心的想法。要处理好与同事的关系，就要学会站在对方的角度来思考问题，在必要的时候还需要做出自我牺牲，这样你的同事才会更加信任你，愿意和你共事。想要在岗位上做好自己的本职工作，就一定不能单独行动，要善于与别人合作。在工作上取得了一定的成绩后，不能独享荣誉，而要学会与同事共同分享。在职场中最忌讳过于表现自己，好大喜功，把别人的努力和成果据为己有。多给别人一些机会，帮助别人实现目标，这一点对于处理好人际关系相当重要。此外，站在别人的角度想问题，在别人遇到困难的时候伸出援助之手，给予别人无私的帮助。良好的人际关系对双方都有益处。别人接受你的善意帮助后，当你遇到困难时同样会给予你帮助。

其次，要做到宽容待人，胸襟豁达，善于接受别人的缺点，同时不吝于给别人肯定和赞美。需要注意的是，在赞美对方的时候切忌夸大其词，这样会让人觉得你虚伪，进而失去对你的信任。

再次，要把握好与同事交谈的技巧，多倾听别人的讲话，并且适当反馈。虚心倾听表示你的理解，也更容易让对方接受。在表达自己的观点时，不能太直接，要含蓄、幽默，这样能够避免双方意见分歧时因为言语的失误而产生不和谐。在指出对方的错误时要注意场合，讲求自己的措辞和语言，不要伤害别人的自尊心。

最后，要做到和同事和谐相处，成为同事眼中受欢迎的人，就要注重提高自己的综合素质，多培养自己的兴趣爱好，用兴趣爱好结交朋友，和同事建立感情。此外，多和同事交流，谈论一些当下的信息，谈自己的感受和体会，这样也可以让自己的人际关系更加和谐。但是要注意的是，在交流时千万不能打听同事的隐私，这样会引起对方的不快，也可能会把你看成是个无聊的、好打听的人，从而轻视你。

总之，处理好和同事的关系需要每个人不断地实践和学习，这样才能更加熟练。我们每个人都应该注意建立起对自己有利的人际关系，避免让各种不可预知的冲突成为工作和人际关系发展的阻碍，用自己的真诚和长久的信任维系各种人际关系。如果同事希望和你接触，你就要主动经常向同事示好；如果同事嫉妒领导对你的偏爱，你就不能经常过于高调，在同事面前显摆上司对你的赏识……总之，希望每个企业员工都能根据自己具体的情况，分析自己的优势和劣势，掌握交际的尺寸，冲破禁锢自己的枷锁，建立起和谐的人际关系，让自己成为受同事欢迎的人。

3.

和谐的员工关系让企业兴旺昌盛

我们都知道一个常识:大雁都是成群地飞行。在飞行的时候,一会儿排成“一”字形,一会儿排成“人”字形,但是更多的时候是排成“人”字形。科学家通过实验证明了,大雁用“人”字形飞行时能够比孤雁单独飞行时多飞73%的距离。这是因为,头雁在前面开路时,翅膀引起的气流能够帮助两边的雁群减少飞行的阻力,而每一个大雁扇动翅膀产生的气流都能帮助其他的大雁,让整个雁群更有效率地到达目的地。雁群的飞行方式告诉了我们一个深刻的道理:合作才能创造成功。

事实的确如此。当人们为了一个共同的目标和追求去努力奋斗时,就会变得无比团结。团结的力量能够成就一个国家,而把这种和谐、团结的力量放在企业中,企业就容易取得成功。我们可以看到,很多成功的企业,无一不是以和谐的员工关系为基础的有强大凝聚力的团队。

曲木从上海毕业后来到一家大型国有企业,担任技术员的工作,试用期是六个月。在业务方面,曲木做得非常出色,有好几次业务谈判都让老总忍不住对他竖起了大拇指。但是令人感到意外的是,试用期结束后,曲木接到了公司人事部门的消息:他不用再来公司上班了。

这是怎么回事呢?原来,曲木虽然工作业绩优秀,但是自从下车间开始,就对单位和同事看不惯,觉得这也不好,那也不好。还没工作到两个月,就已经写了一封写有很多意见的信给上级领导。从领导的管理方式,到单位职工的福利待遇,再到其他同事的工作方式他都一一指出了弊端和问题,还提出了很多自己的改进意见。领导觉得他过于狂妄,没有采纳他的建议,曲木感到愤愤不平,到处向同事发牢骚,对企业很有意见。

实际上,企业的领导和同事都对他的能力没有任何质疑,但是他过于显露自己,不注意处理人际关系,对前辈和同事也不尊重,这些都是曲木被辞退的原因。

实际上,在企业中就像是经营自己的家庭一样,如果家庭不和谐,兄弟姐妹之间钩心斗角,那么这个家庭一定是支离破碎的,更没有幸福可言。在企业中也是同样的道理,员工和员工之间,部门和部门之间如果处处算计,毫不团结,那么企业就不会有所发展,甚至会走向死亡。

只有员工和谐相处,团结共进,才能创造良好的工作氛围,进而提高工作效率。在良好的气氛的衬托下,每一个员工都能把企业当成自己的家,把同事当做自己的兄弟姐妹,企业的凝聚力也一定是最强的,能够战胜外界的一切困难。

员工和谐的关系是团队协作精神的体现,这种精神能够让自己把企业当做"家",进而把自己的前途和命运跟企业连接在一起,愿意为了企业的目标和利益努力奋斗。可以说,团队协作精神是自己事业成功的保障,也是企业走向兴旺昌盛的基础。个人只有依靠团队的力量才能发挥整体的协作能力,产生事半功倍的效果。

员工要想建立团队协作的良好关系,促进企业发展,就要做到以下几点:

一是要建立和谐友爱的关系,创造良好的人际交往氛围。如果我们能够同同事、企业领导之间建立和谐、信赖的关系,那么我们相处的气氛就会更加融洽,这更有利于形成相互尊重、理解,相互学习的友好氛围,有助于我们最大限度地发挥自己的能力和工作热情。对于员工来说,就是要多领悟领导的工作思想和工作要求,主动汇报和请示工作,向有关部门虚心学习,不骄傲自大,不欺上瞒下,积极进取,与同事共同进步,同舟共济,努力完成领导分配的各种工作任务。

二是多参加集体活动,增强团队协作能力和精神。参加集体活动,可以增加我们的团队合作意识，进而产生更好的默契。在遇到困难的时候，就能够运用大家的集体智慧和力量。试想一下，当我们在工作的时候遇到困难，内心感到无比的恐惧和无助，拿不定主意的时候，我们最需要什么呢？我们最需要的就是企业团队成员之间真诚的帮助和鼓励、支持，这些温暖的帮助和支持能够让我们战胜工作中的困难，让我们顺利有效地完成工作。

三是营造出一种和谐进取的工作氛围。在企业内部和谐是很重要的，但是必要的竞争也是必不可少的。多参加一些企业内部的竞赛活动，这样可以保持团队鲜活的生命力。一定的压力可以促使我们更加努力地学习、工作，从而加快自己前进的脚步。我们提倡团队之间的合作精神，在目标一致的前提下，努力携手共进，力争创出佳绩。但是同时也要尽力避免企业内部的恶性竞争，避免出现不和谐的现象。

四是要充分信任身边的同事、朋友。信任他人是一种良好的修养和素质。在与同事相处的过程中，给予对方充分的信任，让自己多一点儿宽容，多一点儿谦虚，才能搞好团队协作，完美地完成工作任务。

在企业内部，各个单位和部门的强弱并不是个人能力的体现，而是集体努力的结果。企业上下团结一致，为了共同的目标、共同的理想，需要我们维系好彼此的关系，做到员工之间团结互助。正所谓“同心山成玉，协力土变金”。想要取得成功，需要有战胜困难的精神，但是更需要和谐团结。如果团队里人心涣散，每个人都各行其是，甚至“窝里斗”，又何谈企业的活力？企业又怎么能够发展壮大？在一个没有团结精神的企业中，即使个人的能力再强，也不可能在工作中得到充分的发挥。只有懂得协作，创造和谐的人际关系，才能够清楚自己工作的价值和意义，才能把创造和谐关系作为自己的一种责任，为企业的发展而努力奋斗，企业的兴旺昌盛才可指日可待。

4.

和谐精神驱动员工由平凡走向卓越

现代社会是和谐的社会，也是物质文明、精神文明、社会文明高度协调发展的社会。在这个社会的大家庭里，企业是市场竞争的主体，也承载着社会的主要建设。社会的和谐离不开企业的参与，而企业的发展也离不开和谐的社会。企业内部的和谐同外部社会的和谐是建立和谐社会的根本保证。建立和谐企业的一个重要原则就是以人为本。企业内部的和谐，首先应该是员工之间的和谐。如果每一个员工都能向着和谐的目标发展，团队才能拥有融洽的气氛，企业才能变得和谐。而具有和谐精神和意识不仅是企业衡量必需人才的标准，也是员工自身从平凡走向卓越的一个重要驱动力。

要想成为一名卓越的员工，首先应该团结一致，让自己主动融入企业中。这种和谐的精神能够让员工从平凡走向卓越，成为企业不可缺少的员工。

我们都知道，蚂蚁在遇到大火的时候，为了保住性命，会迅速地抱成一团，一起滚出火海。虽然最外面的蚂蚁被烧死了，但是里面的大部分蚂蚁都保住了生命。蚂蚁之所以能够战胜困难，就在于蚂蚁能够团结一心，共同进退。蚂蚁虽小，它们的生命力却是顽强的，值得人学习和敬佩。可见，团结的力量是无法估量的，和谐团结的关系能够战胜一切困难。因此，在企业中的员工应该和其他员工保持和谐的关系，只有这样才能充分发挥自己的能力，在友好的氛围中完成自己平凡到卓越的转变。

李奇在学校时成绩一直很优秀。毕业参加工作后，经常恃才傲物，不把别人放在眼里。当时和李奇一起进入企业工作的还有王明。王明和李奇一样，也非常优秀，不同的是，到了单位后，王明看到身边的人都专注、朴实地工作，因此也收敛了自己的个性，变得踏实努力，就连吸烟的习惯也因为单位没人抽烟而改变了。不止如此，他还热情主动地和同事们交往，尽自己所能帮助同事，很快就受到了同事和领导的欢迎。

到了年终评选优秀员工的表彰大会上，由于王明的优秀业绩，再加上良好的人缘，他受到了领导的表扬和嘉奖。而李奇在工作中也非常努力，甚至工作业绩比王明还要突出，但是由于李奇和同事的关系并不好，领导和同事都觉得他难以相处。因此，在表彰评选大会上，他一票都没有得到。

李奇觉得很不公平，认为自己不受重视，因此愤然辞职离开了企业。离开了这家企业后，他接连换了好几个地方，都没有找到合适的工作。他感到深深的懊恼。

事实上，李奇的失败就在于他太自以为是，没有很好地融进企业团队中，没有同事的帮助和支持，即使工作能力再强，得不到别人的认可，也很难取得成就。

其实，我们对待每一个人都应该秉持平等真诚的态度，你的友好亲切能够为团队带来一种轻松愉快的气氛，同事们便愿意和你相处，团队的士气也会提高。团队的力量是不能忽视的，众志成城好过一个人的单打独斗，那些自以为是、以自我为中心的人，经常是被企业排斥的对象。自我感觉良好而不愿意低下头来和别人合作，不但会让自己变得孤立，还容易被讲求团队精神的社会抛弃。

须知，和谐的关系是最好的资源。与同事保持彼此信赖的关系，就等于为自己的成功奠定了坚实的人脉基础。

作为新时代的企业员工，就应该做到积极地转变观念态度，在工作中主动地配合团队的各项工作任务，建立自己的人脉，以求获得更多的帮助，不断提升自己的实力。具体来说，可以从以下四个方面着手。

第一，倾听不同的声音。即使是同一个单位的职工，他们的才能、知识、经历等各方面也都会有所不同。这些差别让大家在工作时会产生不同的思想和做法。因此，要学会和同事做适当的沟通、交流。比如，当你有一些想法或者意见想要向领导提出来之前，可以向一些有资历的同事询问，多听听他们的想法和意见。这样也许能够避免你在向领导提出意见时犯低级的错误，帮助你获得更有建设性、逻辑性的观点和想法，让你在领导面前显得更有价值。

第二，主动积极地帮助新员工。新员工总是需要一段时间去适应企业的环境，了解企业的运作，和老同事彼此了解。作为老员工的你，就应该尽量地帮助这些新员工。当新员工遇到不懂的问题或者解决不了的困难时，给予他们耐心地讲解和帮助，也可以主动询问新员工有什么地方需要帮助。如果新员工犯了错误，也不要立即谴责，或者向领导打小报告。因为新员工在工作上犯错或失误是很难避免的。即使你的工作很忙，也不要吝于向新员工解释他们的错误之处，主动帮助他们改正。与新员工搞好关系，有利于将来的合作共事，以帮助自己取得更好的成绩。

第三，抛弃个人英雄主义的思想。个人英雄主义会腐蚀你的团队意识，让你脱离群体，让你只注重自己的利益，甚至为了自己的利益损害群体的利益，很容易让自己陷入被孤立的境地，不利于自身的长远发展。抛弃个人主义需要我们设身处地地为同事着想，为他们提供无私的帮助，为企业的发展贡献自己的力量。当我们的努力得到同事的认可时，我们一定会在不久的将来得到同事的帮助。同事的好感也会让你成为企业最受欢迎的人，只有这样才能被企业领导认可，得到领导的器重和赏识，你才能在不断积累良好人脉的同时，获得个人的良好发展。

身为企业的一员，一定要在与同事的关系方面下工夫，这样不仅可以在与同事的交往中意识到自己的缺点和不足，还可以在同事们的帮助和支持下，取得出色的业绩，进而被领导认可，得到更多的加薪、升职的机会。

5. 没有和谐的人际关系，就不会掀开职场新篇章

在企业中最优秀的员工往往是这样一些人：他们受到领导和同事的喜爱和欢迎，大家都愿意同他们合作、交往；他们有着非凡的沟通和交流的能力，可以做到和任何人愉快地合作；他们从来不会让自己脱离群体，而是善于把自己的能力和大家的力量集合起来，发挥最大的作用。因此，这样的人也更容易获得职场的成功。

企业的业绩从根本上来说首先来自于企业团队成员的个人努力，其次来自于团队的协作成果。也就是说，企业依靠的是个体成员做出的共同贡献，是集体的成果让企业有了良好的业绩。要想成为企业中最优秀的员工，只凭借自己出色的能力是远远不够的，而这一点也是建设和谐企业的重要因素。毕竟，个人的能力、知识、经验都是有限的，只有众志成城、博采众长，发挥集体的力量，才能全面地执行领导者的决策，保证工作的顺利完成。

然而，在企业中总是会有那样的一群人，他们能力超凡、才华横溢，却不把任何人放在眼中，不把同事和领导的劝告当回事。在以团队合作为重的企业中，他们找不到任何一个可以合作的同事和朋友，这也注定了他们成为职场的失败者。

邹强是一位有着高等学历的"海归"，他回国后，被一家上海专门从事新能源开发的企业高薪聘用。企业很看重邹强，也对他寄予了很高的期望，让他担任一个太阳能项目研究团队的总负责人，还把企业里经验丰富的研究员配备给他，帮助他工作。

这个太阳能项目的研究一旦取得成功，就会给企业带来丰厚的回报，企业相当重视这个项目。在企业看来，邹强能力极强，在半年之内取得成果是不会有任何问题的。

然而，半年的时间过去了，邹强负责的项目还是没有任何进展，不仅如此，他所在的项目组甚至出现了要瓦解的危机。企业里几个经验丰富的研究员都跳槽离开了企业。这让厂长感到非常震惊，在调查了一番后才了解到，原来邹强太自以为是，认为自己是海外留学回来的高材生，自认掌握着丰富的行业研究信息，根本不把这些企业配给他的研究员放在眼里。他宁愿一个人躲在实验室里没日没夜地研究，写报告，遇到问题苦思冥想，也不愿意借助别人的力量共同解决问题，他只是让那些研究员做一些很浅的辅助性工作。在邹强看来，自己刚进企业，是企业最重视的人才，必须用出色的成绩来证明自己，如果大家都参与进来，研究的成果会成为团队的成绩，这样自己的作用就显示不出来了。

正是这种错误的思想，让他忽略了经验丰富的研究员的能力，研究员觉得自己的能力和价值得不到体现，跟着这样逞能的人没有什么前途可言，于是纷纷离开了企业。而邹强虽然能力强，但是真正实践的能力却很差，研究上也只停留在计划的层面，最后导致研究的失败，被企业辞退，灰头土脸地离开了企业。

显然，邹强并不明白这样的道理：一滴水只有流进大海才不会枯竭，一个员工只有充分地融入集体，融入整个企业，他的能力才能得到充分地发挥，成为企业出类拔萃的员工。

我们可以想象，失去了和谐的人际关系将给自己的工作带来多么大的阻碍。缺乏团队协作精神的员工，往往表现为自私自利，很难和别人合作，也不愿意主动认可别人的成绩。这样的人只能遭到同事和领导的厌弃，无法为团队创造出优秀的业绩，更无法成就自己。任何一个企业的成功需要依靠团队成员的力量，团队成员的精诚合作，能够为整个企业创造良好的业绩，如果每个员工都各行其是，只会让企业千疮百孔，而员工自己的价值也无法得到体现。

身在职场，要想成为受企业重视的优秀员工，就必须从大局考虑，与团队成员上下齐心、荣辱与共，时刻关心企业的发展，看重企业团队的力量。从表面上来看，我们所做的努力和付出都是为了领导或企业，但是实际上，这些努力也是在为我们自己的前途创造、积攒资本。要知道，我们所有的成就都需要依靠自身的工作业绩才能得到，努力工作，融入集体，这一点不仅仅是生存的需要，也是让我们加薪升职、证明自己价值的有效途径。因此，如果我们不能处理好与同事的人际关系，就无法很好地融入集体，无法在大家的帮助和支持下完成自己的职场华丽转变。

只有把企业中所有的力量汇聚到一起，企业才能发挥出巨大的力量，而这些拥有和谐的团队精神的员工都将成为企业和领导最看重的优秀员工，掀开自己职场的新篇章。

附　录

测试你在职场上是否拥有和谐的人际关系

请在下列各题的备选答案中选择你认为最恰当的一项(选 A 得 1 分,选 B 得 1.5 分,选 C 得 2.5 分)

1. 复杂的职场环境里,你(　　)。

A. 总是担心自己处理不好人际关系

B. 能够集中精力去工作,不担心自己的人际关系太差

C. 有点担心,但是会努力向着更好的方向去努力

2. 当同事批评你的时候,你(　　)。

A. 会认为他是故意找茬

B. 会接受批评,但是心里很不愉快

C. 会认真地听取批评意见,并寻找自身的问题

3. 在你工作正忙的时候,有领导过来要你去帮助别人,你(　　)。

A. 会直接拒绝

B. 会告诉对方很忙,做完之后再去帮助别人

C. 会让对方等一下,但是迟迟不肯去

4. 当别人在工作中遇到困难之时,你(　　)。

A. 总是装作视而不见

B. 会帮助别人,但是要看自己能得到什么

C. 能够积极地去帮助别人

5. 在工作目标无法实现之时,你(　　)。

A. 会将责任推给同事

B. 会将责任推给领导

C. 会认认真真去寻找失败的原因,主动承担自己的责任

6. 当受到领导的表扬时,你(　　)。

A. 会感觉这都是自己的功劳

B. 会将荣誉归于集体

C. 会感谢身边的每一个人

7. 在工作中和领导发生矛盾之时,你(　　)。

A. 会大声地和领导争吵

B. 会继续做好自己的工作,但是不再愿意和领导接触

C. 会在做好工作的同时,努力和领导进行沟通

8. 当工作中出现失误的时候,你(　　)。

A. 总是会抱怨别人

B. 会认真工作,但是不愿意和同事继续沟通

C. 会认真工作,并且积极地和同事沟通

9. 发现同事在背后说你坏话的时候,你(　　)。

A. 总是会直接上前质问

B. 会悄悄地走开,事后再进行报复

C. 会积极地和他沟通,找出自己不对的地方

10. 当你在工作中不够努力时,你(　　)。

A. 总是希望别人不要发现

B. 总是希望别人多做一点儿

C. 马上改变态度,积极投入工作中去

11. 金钱是你唯一奋斗的目标动力吗?(　　)。

A. 是的,我工作就是为了钱

B. 看重薪金也看重同事情谊,但必要时会为金钱牺牲同事情谊

C. 看重金钱,但是更注重同事之间的和谐关系

12. 发现同事有不好的工作习惯之时,你(　　)。

A. 会装作没看见,因为这跟自己没关系

B. 会直接地当着好多人的面向对方提出来

C. 会悄悄提醒他,并帮助他改正

13. 你是不是一名具有团队精神的员工？(　　)。

A. 不是，我只做好自己的事情

B. 有时候是，有时候不是，看能获得多少利益

C. 是，愿意为整个团队的荣誉去努力

14. 你在工作中是否会积极地进行创新？(　　)。

A. 根本就不会，因为每一次创新都会有风险

B. 有一定的创新意识，但是不会积极主动地创新

C. 会积极主动地进行创新，因为创新是每一个员工的天职

15. 工作中必须要与别人协调工作，你(　　)。

A. 直接一口拒绝

B. 委婉地拒绝对方

C. 如果自己比别人更适合，那肯定会积极地配合别人做好工作

参考答案：

15～45.5 分：这类员工在职场上根本不可能拥有和谐的人际关系，因为他们一直觉得工作就是混口饭吃，自己没有义务和别人处理好人际关系，他们不关心同事，不关心企业的未来发展，只关心自己的利益。对于这类员工来说，应该改正自己的工作观念，努力和工作伙伴建立良好的人际关系，从内心深处去改变自己，让自己迎来一场职场升华。

45.5～64.5 分：这类员工在职场能够拥有一定的人际关系，但是肯定无法谈得上非常好。他们会关心自己，也会关心别人，但是关心自己的时候远远比关心别人的时候多得多，他们的工作价值观没有什么大的问题，工作也很有激情，但是责任心就略微差了一些。对于这类员工来说，他们最应该做的就是增强自己的责任心，增强自己的沟通能力，从而让自己走向优秀，拥有和谐的人际关系。

64.5～75 分：毫无疑问，这类员工就是那些职场上最受欢迎的人，他们总是能够在工作中急人所急，把自己的快乐传递给别人，一直都保持着足够的专注度，能够在任何时候都保持微笑，总是会用理性的思维与别人沟通。对于这类员工来说，他们最需要做的就是一直保持下去，让自己成为别人学习的楷模。